U0742339

老科学家学术成长资料采集工程

中国科学院院士传记 丛书

一爆惊世建荣功

王方定传

时春丽◎著

中国科学技术出版社

图书在版编目（CIP）数据

一爆惊世建荣功：王方定传 / 时春丽著 .—北京：
中国科学技术出版社，2017.5（2024.7 重印）
（老科学家学术成长资料采集工程丛书　中国科学院
院士传记丛书）
ISBN 978-7-5046-7442-5

Ⅰ. ①一… Ⅱ. ①时… Ⅲ. ①王方定—传记　Ⅳ.
①K826.13

中国版本图书馆 CIP 数据核字 (2017) 第 091216 号

责任编辑	韩　颖	
责任校对	杨京华	
责任印制	徐　飞	
版式设计	中文天地	

出　　版	中国科学技术出版社	
发　　行	中国科学技术出版社有限公司	
地　　址	北京市海淀区中关村南大街 16 号	
邮　　编	100081	
发行电话	010-62173865	
传　　真	010-62173081	
网　　址	http://www.cspbooks.com.cn	

开　　本	787mm×1092mm　1/16	
字　　数	174 千字	
印　　张	11.5	
彩　　插	2	
版　　次	2017 年 5 月第 1 版	
印　　次	2024 年 7 月第 2 次印刷	
印　　刷	德富泰（唐山）印务有限公司	
书　　号	ISBN 978-7-5046-7442-5 / K·224	
定　　价	50.00 元	

老科学家学术成长资料采集工程简介

　　老科学家学术成长资料采集工程（以下简称"采集工程"）是根据国务院领导同志的指示精神，由国家科教领导小组于 2010 年正式启动，中国科协牵头，联合中组部、教育部、科技部、工信部、财政部、文化部、国资委、解放军总政治部、中国科学院、中国工程院、国家自然科学基金委员会等 11 部委共同实施的一项抢救性工程，旨在通过实物采集、口述访谈、录音录像等方法，把反映老科学家学术成长历程的关键事件、重要节点、师承关系等各方面的资料保存下来，为深入研究科技人才成长规律，宣传优秀科技人物提供第一手资料和原始素材。

　　采集工程是一项开创性工作。为确保采集工作规范科学，启动之初即成立了由中国科协主要领导任组长、12 个部委分管领导任成员的领导小组，负责采集工程的宏观指导和重要政策措施制定，同时成立领导小组专家委员会负责采集原则确定、采集名单审定和学术咨询，委托科学史学者承担学术指导与组织工作，建立专门的馆藏基地确保采集资料的永久性收藏和提供使用，并研究制定了《采集工作流程》《采集工作规范》等一系列基础文件，作为采集人员的工作指南。截至 2016 年 6 月，已启动 400 多位老科学家的学术成长资料采集工作，获得手稿、书信等实物原件资料 73968 件，数字化资料 178326 件，视频资料 4037 小时，音频资料 4963 小时，具有重要的史料价值。

采集工程的成果目前主要有三种体现形式，一是建设"中国科学家博物馆网络版"，提供学术研究和弘扬科学精神、宣传科学家之用；二是编辑制作科学家专题资料片系列，以视频形式播出；三是研究撰写客观反映老科学家学术成长经历的研究报告，以学术传记的形式，与中国科学院、中国工程院联合出版。随着采集工程的不断拓展和深入，将有更多形式的采集成果问世，为社会公众了解老科学家的感人事迹，探索科技人才成长规律，研究中国科技事业的发展历程提供客观翔实的史料支撑。

总序一

中国科学技术协会主席　韩启德

老科学家是共和国建设的重要参与者，也是新中国科技发展历史的亲历者和见证者，他们的学术成长历程生动反映了近现代中国科技事业与科技教育的进展，本身就是新中国科技发展历史的重要组成部分。针对近年来老科学家相继辞世、学术成长资料大量散失的突出问题，中国科协于2009年向国务院提出抢救老科学家学术成长资料的建议，受到国务院领导同志的高度重视和充分肯定，并明确责成中国科协牵头，联合相关部门共同组织实施。根据国务院批复的《老科学家学术成长资料采集工程实施方案》，中国科协联合中组部、教育部、科技部、工业和信息化部、财政部、文化部、国资委、解放军总政治部、中国科学院、中国工程院、国家自然科学基金委员会等11部委共同组成领导小组，从2010年开始组织实施老科学家学术成长资料采集工程。

老科学家学术成长资料采集是一项系统工程，通过文献与口述资料的搜集和整理、录音录像、实物采集等形式，把反映老科学家求学历程、师承关系、科研活动、学术成就等学术成长中关键节点和重要事件的口述资料、实物资料和音像资料完整系统地保存下来，对于充实新中国科技发展的历史文献，理清我国科技界学术传承脉络，探索我国科技发展规律和科技人才成长规律，弘扬我国科技工作者求真务实、无私奉献的精神，在全社会营造爱科学、学科学、用科学的良好氛围，是一件很有意义的事情。采集工程把重点放在年龄在 80 岁以上、学术成长经历丰富的两院院士，以及虽然不是两院院士、但在我国科技事业发展中作出突出贡献的老科技工作者，充分体现了党和国家对老科学家的关心和爱护。

自 2010 年启动实施以来，采集工程以对历史负责、对国家负责、对科技事业负责的精神，开展了一系列工作，获得大量反映老科学家学术成长历程的文字资料、实物资料和音视频资料，其中有一些资料具有很高的史料价值和学术价值，弥足珍贵。

以传记丛书的形式把采集工程的成果展现给社会公众，是采集工程的目标之一，也是社会各界的共同期待。在我看来，这些传记丛书大都是在充分挖掘档案和书信等各种文献资料、与口述访谈相互印证校核、严密考证的基础之上形成的，内中还有许多很有价值的照片、手稿影印件等珍贵图片，基本做到了图文并茂，语言生动，既体现了历史的鲜活，又立体化地刻画了人物，较好地实现了真实性、专业性、可读性的有机统一。通过这套传记丛书，学者能够获得更加丰富扎实的文献依据，公众能够更加系统深入地了解老一辈科学家的成就、贡献、经历和品格，青少年可以更真实地了解科学家、了解科技活动，进而充分激发对科学家职业的浓厚兴趣。

借此机会，向所有接受采集的老科学家及其亲属朋友，向参与采集工程的工作人员和单位，表示衷心感谢。真诚希望这套丛书能够得到学术界的认可和读者的喜爱，希望采集工程能够得到更广泛的关注和支持。我期待并相信，随着时间的流逝，采集工程的成果将以更加丰富多样的形式呈现给社会公众，采集工程的意义也将越来越彰显于天下。

是为序。

总序二

中国科学院院长　白春礼

由国家科教领导小组直接启动，中国科学技术协会和中国科学院等12个部门和单位共同组织实施的老科学家学术成长资料采集工程，是国务院交办的一项重要任务，也是中国科技界的一件大事。值此采集工程传记丛书出版之际，我向采集工程的顺利实施表示热烈祝贺，向参与采集工程的老科学家和工作人员表示衷心感谢！

按照国务院批准实施的《老科学家学术成长资料采集工程实施方案》，开展这一工作的主要目的就是要通过录音录像、实物采集等多种方式，把反映老科学家学术成长历史的重要资料保存下来，丰富新中国科技发展的历史资料，推动形成新中国的学术传统，激发科技工作者的创新热情和创造活力，在全社会营造爱科学、学科学、用科学的良好氛围。通过实施采集工程，系统搜集、整理反映这些老科学家学术成长历程的关键事件、重要节点、学术传承关系等的各类文献、实物和音视频资料，并结合不同时期的社会发展和国际相关学科领域的发展背景加以梳理和研究，不仅有利于深入了解新中国科学发展的进程特别是老科学家所在学科的发展脉络，而且有利于发现老科学家成长成才中的关键人物、关键事件、关键因素，探索和把握高层次人才培养规律和创新人才成长规律，更有利于理清我国科技界学术传承脉络，深入了解我国科学传统的形成过程，在全社会范围内宣传弘扬老科学家的科学思想、卓越贡献和高尚品质，推动社会主义科学文化和创新文化建设。从这个意义上说，采集工程不仅是一项文化工程，更是一项严肃认真的学术建设工作。

中国科学院是科技事业的国家队，也是凝聚和团结广大院士的大家庭。早在 1955 年，中国科学院选举产生了第一批学部委员，1993 年国务院决定中国科学院学部委员改称中国科学院院士。半个多世纪以来，从学部委员到院士，经历了一个艰难的制度化进程，在我国科学事业发展史上书写了浓墨重彩的一笔。在目前已接受采集的老科学家中，有很大一部分即是上个世纪80、90年代当选的中国科学院学部委员、院士，其中既有学科领域的奠基人和开拓者，也有作出过重大科学成就的著名科学家，更有毕生在专门学科领域默默耕耘的一流学者。作为声誉卓著的学术带头人，他们以发展科技、服务国家、造福人民为己任，求真务实、开拓创新，为我国经济建设、社会发展、科技进步和国家安全作出了重要贡献；作为杰出的科学教育家，他们着力培养、大力提携青年人才，在弘扬科学精神、倡树科学理念方面书写了可歌可泣的光辉篇章。他们的学术成就和成长经历既是新中国科技发展的一个缩影，也是国家和社会的宝贵财富。通过采集工程为老科学家树碑立传，不仅对老科学家们的成就和贡献是一份肯定和安慰，也使我们多年的夙愿得偿！

鲁迅说过，"跨过那站着的前人"。过去的辉煌历史是老一辈科学家铸就的，新的历史篇章需要我们来谱写。衷心希望广大科技工作者能够通过"采集工程"的这套老科学家传记丛书和院士丛书等类似著作，深入具体地了解和学习老一辈科学家学术成长历程中的感人事迹和优秀品质；继承和弘扬老一辈科学家求真务实、勇于创新的科学精神，不畏艰险、勇攀高峰的探索精神，团结协作、淡泊名利的团队精神，报效祖国、服务社会的奉献精神，在推动科技发展和创新型国家建设的广阔道路上取得更辉煌的成绩。

总序三

中国工程院院长　周　济

　　由中国科协联合相关部门共同组织实施的老科学家学术成长资料采集工程，是一项经国务院批准开展的弘扬老一辈科技专家崇高精神、加强科学道德建设的重要工作，也是我国科技界的共同责任。中国工程院作为采集工程领导小组的成员单位，能够直接参与此项工作，深感责任重大、意义非凡。

　　在新的历史时期，科学技术作为第一生产力，已经日益成为经济社会发展的主要驱动力。科技工作者作为先进生产力的开拓者和先进文化的传播者，在推动科学技术进步和科技事业发展方面发挥着关键的决定的作用。

　　新中国成立以来，特别是改革开放30多年来，我们国家的工程科技取得了伟大的历史性成就，为祖国的现代化事业作出了巨大的历史性贡献。两弹一星、三峡工程、高速铁路、载人航天、杂交水稻、载人深潜、超级计算机……一项项重大工程为社会主义事业的蓬勃发展和祖国富强书写了浓墨重彩的篇章。

　　这些伟大的重大工程成就，凝聚和倾注了以钱学森、朱光亚、周光召、侯祥麟、袁隆平等为代表的一代又一代科技专家们的心血和智慧。他们克服重重困难，攻克无数技术难关，潜心开展科技研究，致力推动创新发展，为实现我国工程科技水平大幅提升和国家综合实力显著增强作出了杰出贡献。他们热爱祖国，忠于人民，自觉把个人事业融入到国家建设大局之中，为实现国家富强而不断奋斗；他们求真务实，勇于创新，用科技为中华民族的伟大复兴铸就了辉煌；他们治学严谨，鞠躬尽瘁，具有崇高的科学精神和科学道德，是我们后代学习的楷模。科学家们的一生是一本珍贵的教科书，他们坚定的理想信念和淡泊名利的崇高品格是中华民族自强不息精神的宝贵财富，永远值得后人铭记和敬仰。

通过实施采集工程，把反映老科学家学术成长经历的重要文字资料、实物资料和音像资料保存下来，把他们卓越的技术成就和可贵的精神品质记录下来，并编辑出版他们的学术传记，对于进一步宣传他们为我国科技发展和民族进步作出的不朽功勋，引导青年科技工作者学习继承他们的可贵精神和优秀品质，不断攀登世界科技高峰，推动在全社会弘扬科学精神，营造爱科学、讲科学、学科学、用科学的良好氛围，无疑有着十分重要的意义。

中国工程院是我国工程科技界的最高荣誉性、咨询性学术机构，集中了一大批成就卓著、德高望重的老科技专家。以各种形式把他们的学术成长经历留存下来，为后人提供启迪，为社会提供借鉴，为共和国的科技发展留下一份珍贵资料。这是我们的愿望和责任，也是科技界和全社会的共同期待。

周济

王方定

王方定向采集小组成员讲述过去的情况（左起：尹忠红，时春丽，王方定）

采集小组工作照（左起：尹忠红，王方定，孟建，李来霞，丁有钱）

序

　　我出生在苦难深重的旧中国，童年和青少年时期在国家遭受列强欺辱、积贫积弱的悲惨环境中度过，心中愤懑却又无可奈何。但我又是幸运的：我看到了侵略中国的日本鬼子无条件投降、腐败的国民政府被驱赶出大陆、一个崭新的中华人民共和国的诞生。这些重大的历史事件使我一生中也曾有过多次发自内心的激动、狂欢。

　　时光荏苒，转瞬之间我已是耄耋老人。抚今追昔，从中具体、生动地看到近代中国知识分子走过的艰难而曲折的道路是与国家命运紧密相连的。我作为这个阶层中的一员，经历了国家从积弱到强盛的转变，成为伟大祖国的一介知识分子，能为国家的强盛出一点菲薄之力确是很幸运的。

　　中国科协牵头对老科学家学术成长资料进行采集、研究、总结，为后人提供借鉴，是一项很有意义的工作。感谢时春丽博士和采集小组的同志们，不辞辛劳，沿着我走过的上学和工作的道路走了一遭。把我脑子里经常萦绕的虚幻图像还原了出来，写出了这本书。书中的情况有的我已经忘却，有的还是第一次知道。只是书中溢美之处甚过，而消极之处阙如。这也是一般的通病，自己头脑清醒，知道自己有几斤几两，也只得违心地接受了。

王方定

2017. 5. 18

目 录

图片目录

导　言

王方定（1928—），祖籍四川自贡，放射化学家。

1928 年 12 月 21 日，王方定出生于辽宁沈阳。他的父母均出自名门望族，父亲王道周曾留学当时日本的东京帝国大学，攻读火药科学，是我国的军事工业家；母亲杨肇华出生在潼南县的杨氏大家族。1934 年，王方定进入南京中学实验小学学习，1953 年 8 月毕业于四川化工学院化学工程系，分配到中国科学院近代物理研究所工作。1953—1955 年，承担钽铌酸盐型铜矿分析工作（国产 1 号铀矿石分析），解决了矿石极难全溶的问题，获得了稳定的结果；磷酸盐型铀矿分析工作（2 号铀矿石分析），解决了定量还原成四价铀的问题，获得了稳定的结果。通过对两种矿石的分析，他认识到国产磷酸盐型铀矿石含铀品位高，处理简便，有开采前途。1956—1958 年，研究从国产含铀矿石中提取铀，确定了磷酸三丁酯提取铀的工艺，制定了小规模提取铀的设备并进行萃取实验，用于处理国产矿石，提取率 99%；完成了三碳酸铀酰钠、重铀酸钠等铀化物的制备、组成和性质研究，对从国产铀矿中提取出的铀的净化做了基础性研究工作。

1958—1978 年，王方定被调至正在组建的第二机械工业部（简称二机部）第九研究院（简称九院），负责研制核武器的放射化学工作。1960—1963 年，作为组长，完成点火中子源的研制工作，该中子源被多次用作核弹的核点火部件。1964—1978 年，他开展的核武器试验中的放射化学诊断工作包括裂变当量、中子、聚变当量、引爆氢弹用原子弹爆炸当量、氢弹中总裂变当量的测定，以及用气体裂变产物测定核爆炸的裂变当量以及爆炸取样回收系数的测定，这些技术先后用于十余次核爆炸试验的诊断中，为完成这些测定对多种核素进行了分析测量。王方定作为第一发明人，"快速测定裂变燃耗的气体裂片法"获 1987 年国家发明奖三等奖；"裂变燃耗放射化学诊断方法"获 1989 年国家发明奖二等奖。

1979—1989 年，王方定被调回中国原子能科学院（简称原子能院，下同），主要开展了裂变产物的化学行为研究、裂变产物的化学状态与生成方式间的关系、自发裂变电荷分布研究等科研工作。他还进行了核化学的学科方向性的调研工作，结合聚变核燃料及聚变过程中高能中子、带电粒子核反应，提出了聚变化学的研究方向。

1991 年，王方定当选为中国科学院学部委员（院士）。

王方定的回忆及有关文献材料，以及对他学术经历的研究，是研究我国核科学技术发展进程的重要组成部分。反映王方定学术成长经历的资料主要有如下几类：

（1）学术论著。王方定先后发表论文五十多篇、出版专著数部。这些论著大多发表在有关的学术期刊，或收录于研究报告中，或由出版社正式出版。

（2）工作笔记、调查报告、个人日记等。王方定在不同时期工作笔记、个人日记、调查报告，保存在王方定家中、工作单位原子能院及中国工程物理研究院核物理与化学研究所，本次采集工作尽可能地收集了这方面的文献材料。

（3）档案材料。王方定先后在原子能院、青海国营 211 厂、中国工程物理研究院核物理与化学研究所工作，工作单位的档案部门以及中国核工业集团公司人力资源部为采集小组提供了有关王方定的个人档案和有关科研工作方面的资料。

（4）口述材料。采集工作要求对传主本人及其同事、传主的学生等进行视频、音频采访，并进行口述资料整理。这些材料弥补了学术论著、工作笔记、档案材料侧重学术的不足，口述材料能将采集到的已有资料进行衔接，使所有的资料更具系统性。更重要的是，在口述资料中，采集到了很多以往资料没有反映的传主本人的人生经历。自 2013 年 6 月，王方定院士采集小组正式成立以后，在院士及其单位（中国原子能科学研究院）的积极配合和采集小组的不懈努力下，采集小组围绕王方定的学术成长，获得了珍贵的手稿、档案资料和书信资料。采集小组成员赴重庆、四川、上海，走访了王方定院士的母校，重庆潼南中学、重庆南开中学、自贡蜀光中学、上海交通大学、重庆大学、四川大学的校史馆、校友会、宣传部及重庆市、自贡市的档案馆，还有王方定院士工作过的原子能院、青海国营211 厂、中国工程物理研究院以及中国核工业集团公司。在采集过程中，搜集了王方定的学术著作、学术论文、照片、证书、信件、手稿、学术评价、口述资料、档案等与传主学术成长密切相关的资料，这些工作为本传记的撰写奠定了雄厚的资料基础。

本书以王方定的成长经历、教育背景、工作经历及其在不同阶段取得的成果为主线，参照所处时代的政治、经济以及我国核科学技术发展的学术背景，梳理王方定的生活、学习与工作经历。本书分为八章，第一章叙述了王方定的家庭背景及童年的成长环境；第二章梳理了王方定接受的教育历程；第三章介绍了王方定在大学毕业后至参加核武器研制前的工作经历；第四章重点叙述了王方定参加核武器研制过程中的放射化学工作；第五章阐述了王方定在"文化大革命"中的遭遇以及他坚持科研，最终重返原子能院工作的经历；第六章介绍王方定重返原子能院后开展的放射化学基础研究工作；第七章主要阐述王方定学术交流、获得的奖励荣誉以及参加社会活动情况；第八章叙述了王方定为师为人，搭建青年成长平台。

第一章
家族源流

自 贡 王 家

四川境内有四条著名河流：涪江、沱江、岷江、嘉陵江。涪江支流釜溪河被称为盐都自贡的母亲河。离河不远处的扇子坝是一片古老的工业区，坝上曾经天车如林，昼夜不停地汲取盐卤。扇子坝富有天然气资源，人们可以建立火灶煮卤水为盐。

多少年来，在自贡流传着这样的话："河东王、河西李，你不姓王不姓李，我就不怕你。"说的是釜溪河两岸土地，多为王、李两姓所有，财大势众，乡人畏惮。王姓系清初来自湖北的移民，其土地由插占而来。族众分金、木、水、火、土五支。木支由余姓还宗，帮复姓王余。世代业盐，且曾"富甲郡邑"。

1807年前后，第十五代传人王余楷兄弟三人创建"三畏堂"。1830年前后，三畏堂的家业已经中落。1813年，第十六代传人王朗云出生。以后在他的经营下光大旧业，成为四川大户。"陶朱才巧逢机遇，立军功赏戴花翎"这两句话是对王三畏堂发家人王朗云一生事业的写照。王三畏堂的兴盛是和王朗云的经营分不开的。王朗云（1813—1884年），名照，因复姓王余，也称王余照。王朗云在其家族中大排行第四，人称"王四大人"。

王朗云年少时，家境困窘。他为了恢复和光大旧业，于 1838 年倡议三房分产分居；提留田地、山场，招商引资，开凿盐井，大量运销两湖，获得巨利，使一个中落了的盐业旧家，一跃成为累资千万、富甲全川的巨富豪商。

早在王朗云时期，王三畏堂在自流井板仓坝玉川祠内开办家塾性质的义学。学生是同族和少数同宗子弟。1901 年，此校扩大为私立树人两等学堂，兼收外族学生。1902 年，聘请川南经纬学堂 ①（川南师范学校前身）毕业生谢慧生、吴季玉、伍孟勉等为教员，学生达到百人左右。1907 年，学校又聘用日本人为教员。1908 年，成立中学，有中外教员 18 人，职员 20 余人。自 1906—1911 年树人学堂由高等小学发展为中学。当时，树人学堂以私塾而聘用洋教员，在四川是仅见。1911 年，四川保路同志会起事，学堂停办。随着王三畏堂的日趋没落，学堂也每况愈下。1913 年，王三畏堂业务重订章程，经费困难，撤销中学，改为树人两等小学。1921 年，因王三畏堂濒于破产，树人两等小学完全结束。

王方定的父亲王道周于 1895 年出生于四川省富顺县仙滩场河底坝。他曾读过家塾，后来在王三畏堂主办的树人学堂学习。因为王三畏堂的子弟大多在树人学堂读书，学校里又聘请了日本教师，所以学生从学堂毕业后多去日本留学。1912 年，王道周 17 岁时东渡日本求学。他到达日本后先进入专为中国留学生办的私立学校成城中学，学习日语、补习功课。王三畏堂的钱很难直接转到王道周的手上，他便成了学校的长期欠费生。王道周一直对数理化感兴趣，参加了高等学校的入学考试，被第一高等学校预科录取。一年预科结束后他又考入第八高等学校。因此，成城中学也免去了他欠学校的一切费用。北洋政府给考上高等学校和大学的留日学生发放奖学金。从此，王道周再无经济上的后顾之忧，可以安心学习了。

在高等学校三年的学习使王道周在数理化和外文上打下了坚实的基

---

① 川南经纬学堂，位于四川泸州。前身川南书院，清同治七年（1868 年）由正蓝旗人爱新觉罗恒保创建，后于光绪二十七年（1901 年）改建为新式学堂并更名为川南经纬学堂，成为全四川第一所"新学"，后改为泸州师范学院，也是全国创办最早的师范学校。

础。毕业后他考入东京帝国大学火药科。1922 年，王道周从东京帝大毕业，获得工学学士学位。他回国后来到成都高等师范学堂（今四川大学）教授应用化学。1924 年，王道周与杨肇华结婚。

奉系军阀张作霖在沈阳开办的奉天兵工厂^① 需要大

图 1-1 王方定父母 1958 年在北京合影

量技术人才，邀请王道周一同开办火药厂。1924 年，王道周来到沈阳。两年后，他接杨肇华来到沈阳，在沈阳度过了一段短暂的安定生活。

王道周是工厂的主任技师，负责生产火药。王道周在沈阳几年好不容易才经营了一个像样的家。不久，"九一八事变"发生，全家经大连逃难至上海，王道周在上海龙华兵工厂上班。生活刚刚就绪，"一·二八"淞沪抗战在上海打响，龙华兵工厂被迫停办。1932 年王道周离开上海，携家眷来到设在南京中华门外的军政部兵工专门学校^② 教书。王道周教的是老本行火药学和炮内弹道学，编写了几大本厚厚的讲义。1935 年初，为方便杨肇华治病，再度迁居上海。1937 年，抗日战争爆发。1938 年 1 月，王道周携全家离开上海，经香港、海防、河内、昆明、成都回到自贡。此时兵工专门学校也迁到重庆，登报召集西迁零散各处的工作人员回校工作。王道周见报，便于 1938 年初夏，带全家离开自贡去重庆。在政治和经济的双重压力下，学校要求全校职工集体加入国民党。王道周以"从不问政治"为理由反对校方的规定，并以拂袖而去表明自己坚决的态度，1944 年他回到老家自贡。1945 年，抗日战争胜利。

1950 年，王道周来到西南工业部化工局任总工程师。10 月，抗美援朝

---

① 奉天兵工厂，1921 年由奉系军阀张作霖建立，正式名称为奉天军械厂、东三省兵工厂、奉天造兵所及兵工署第 90 工厂。

② 兵工专门学校，原名为"国民政府兵工专门学校"，创建于 1917 年，原址在汉阳兵工厂内，1932 年 7 月迁至南京中华门外金陵兵工厂旁，此系中国最早的高等军械院校。

战争爆发。彭德怀司令员要求国内军工部门迅速生产攻打坦克的武器——无后坐力炮[①]，任务下到西南兵工局[②]下属的255厂。王道周被调到西南兵工局任总工程师，并立刻到255厂解决技术问题。他全面了解了库存火药存在的问题，并提出了改造的技术方案和组织生产的管理制度，并将原有的库存火药全部改造成合格产品。后来，他又完成了两种无后坐力炮弹火药的定型。王道周因此受到表扬，还被推选为西南地区特等劳动模范。

1977年10月王道周病逝，享年82岁。

双江镇杨家

明朝末年，在重庆潼南猴溪与涪江汇合处，一位唐姓人家开了一家茅草店，卖些粗茶素食，也供过往行人吃饭休息，人称唐家店。清朝此地被命名为"双江镇"。

一位湖南籍的军人杨光基来到潼南戍守。道光年间，杨氏家族成为双江镇最有经济实力的大家族。家族十分重视培养子弟读书学习，族中众子弟曾任清朝的各种官职。清末以后，家族中又有很多人留学海外，认知了外面的世界，纷纷投身到火热的民族解放斗争中。

王方定的外祖父杨宝民（1879—1933年）因目睹清廷腐败无能，于是萌发反清变革意念。1906年，杨宝民参加同盟会，进行革命活动。1911年3月，杨宝民被推选为同盟会云南省代表，秘密前往广州参加黄花岗起义。广州起义失败后，他来到长沙继续进行革命活动。1915年，出席黄兴

---

① 无后坐力炮是发射时炮身不后坐的火炮，主要用于直瞄打击装甲目标，压制、歼击有生力量和火器，在反坦克战史上曾立下了汗马功劳。

② 西南兵工局是新中国成立后至1999年之间的一个国防派出机构，主要负责我国西南地区的国防工业生产管理。西南兵工局先后隶属于原重工业部、二机部、五机部、兵器部、机械委、中国兵器工业总公司等，是以上机构的派出机构，正局级单位。1999年，国家对国防科技工业实行改革后西南兵工局划归中国兵器装备集团公司，名称更改为中国兵器装备集团公司西南地区部，驻地在重庆市。

在新加坡召开的国民学南洋会议，被推为发动反袁起义的代表。12 月，杨宝民出任护国军云南民政厅长。1916 年，杨宝民随蔡锷义军入川，四川宣布独立，杨宝民任四川省财政厅兼国民党四川支部长，并主办《至公报》。1917 年，北洋军阀段祺瑞撕毁《临时约法》，解散国会，杨宝民与熊克武、夏之时等奉孙中山之命开展"护法运动"。杨宝民在潼南组织川北靖国军，任靖国军川北总司令。北伐战争胜利后，杨宝民任国民党四川省党部驻武汉国民政府代表。1933 年秋，病逝于双江镇故里。

母亲和兄弟姐妹

1924 年，杨肇华与王道周结婚，此后育有三男二女：王宾蓉、王方定、王超龙、王余荣、王方正。

杨肇华不同于一般的家庭妇女，她特别关心时事，对四川军阀都很熟悉，例如哪个军长、师长怎么样，军阀之间的战争如何，连王方定的女儿都说奶奶很关心时事，什么都知道。

王方定的姐姐王宾蓉原在成都成华大学 ① 外语系读书。新中国成立后在重庆劳动局参加工作，主要负责解决劳资纠纷问题。这里所谓的劳资纠纷就是指资本家和工人之间关于福利问题的矛盾，在工作中

图 1-2　王方定兄弟姐妹合影

---

① 成华大学原为上海光华大学成都分部，1946 年 2 月 1 日改组独立。1952 年在院系调整中成为西南财经大学的主要前身之一。

她都支持工人，所以工人对她特别好。

妹妹王超龙，解放军解放重庆后，参加了第十军军政大学。后来，经介绍又到川南卫生学校学习，毕业后分配到川南军区工作。王道周从泸州调到重庆化工局任总工程师时，将王超龙调到重庆工作。后来，王道周被调到北京在第二机械工业部（简称二机部）工作，王超龙也随之调到二机部工作。现在王超龙已经从北京友谊医院退休。

弟弟王余荣，首都师范大学数学系毕业以后在北京的中学教数学。

弟弟王方正，1960 年考入天津大学化工系，1965 年毕业后，分配到第七机械工业部（简称七机部）工作。"文化大革命"开始后，他被分配到原航天工业部第三设计研究院（现中国航天科技集团公司第三研究院）工作，从事材料方面的研究工作。再后来他被调到位于广州的轻工设计院工作。

童 年 时 代

1928 年 12 月 21 日，王方定出生在辽宁沈阳。当时中国军阀混战，国家分裂。1928 年 6 月，张作霖被日本人炸死在皇姑屯。其子张学良于 12 月通电全国宣布东北易帜，服从南京国民政府领导。这在形式上标志着中国结束了军阀割据的局面，统一到一个中央政府的领导之下。王道周便为同时出生的儿子取名"方定"，寓意"方今天下已经安定"。

"九一八事变"爆发后，全家逃到上海。王道周在上海兵工厂担任主任技师。1932 年 5 月，中日签订《淞沪协定》。王道周被调至南京任教于新组建的兵工专门学校，王方定随家人迁至南京生活。1935 年，又随家迁至上海。1937 年 7 月 7 日卢沟桥事变爆发，日本全面侵华战争开始。同年 12 月底，王方定随家人经香港、越南海防、昆明、成都，返回自贡躲避战乱。1938 年 6 月，王道周赴重庆兵工专门学校任教。于是，王方定随父母迁居重庆。1939 年 2 月初，因躲避日寇轰炸重庆市区，王方定被送回重庆潼南县双江镇外婆家。当时虽然社会动荡，老百姓生活艰辛，但这并不妨碍年幼的王方定享受他童年的有趣时光。

王方定在沈阳居住的陶林街东西两侧各有一个小公园，闲时父母便推着婴儿车带他去散步。

1934 年，南京的夏季酷热。王方定一家五口带上一个厨子和一个奶妈去普陀山避暑。到了普陀山以后，王方定的母亲怕冷，哪儿也不去，只披着毛巾被待在房间里。弟弟妹妹都很小，父亲只带王方定一个人逛普陀山。沿途都是结缘的和尚。每次王道周都要带一袋子铜板，给每个和尚一个铜板。王方定问父亲给那么多铜板，知道他们的真假吗？王道周说，不管真假，只要里面有一个人的情况是真的就行。

从普陀山避暑回来后，杨肇华突患重病。王方定随母亲赴上海治病。那段时间，王方定每天无事可做，成了一个没人管束的孩子。刚开始，他只在楼旁草地上与看大门的印度巡捕踢小皮球、捉迷藏。很快，他就拓宽了活动空间和交往范围。王方定的住处附近有一片比较肮脏、杂乱的街区，聚集了出租连环画的书摊、卖小食品的摊贩和以赌博赚小孩钱的小赌摊。王方定常常偷偷到那里去租《包公案》《彭公案》连环画看。后来，王方定居住的楼上又搬来一户人家，也有一个与王方定同龄的小孩，王方定就与他玩耍。这个孩子玩的花样多，会做弹弓，王方定就和他一起搓弹弓泥。他们用弹弓从三楼向下打汽车。有一次竟然"当"的一下打到了汽车上。

后来，为了躲避日军飞机轰炸，王方定被父母送回双江镇的外婆家避难。外婆家老宅位于距离双江镇约 2 千米的大塘。外公家从清朝道光年间开始建设，因有的祖先被封为各种官员，所以房屋可以不断按照清律规定扩建。最后按一、二品规格布局。外婆家在双江镇有房子，离学校近，生活方便，所以王方定随外婆住在这里。白天，他在门前院子里修建公路和车站，用硬纸板做汽车模型玩；晚上，他在这里放演自制的影子戏，受到邻居的欢迎。

第二章
漫漫求学路

六 所 小 学

1934 年，王方定进入南京中学实验小学学习。他在学校里也学会了讲南京方言。王方定现在回忆起来有一件事印象很深就是纪念"双十节"时举办了一次提灯会。每个孩子让家长买了一盏灯，孩子们晚上提着灯上街游行，学校还教唱"国庆歌"。为了参加晚上的提灯会，王道周还给王方定买了一盏兔子灯。老师用南京方言教学生唱纪念歌曲，其中一句歌词："同芝麻，和鸡蛋，午餐……"。当时，王方定根本不理解什么含义，长大后慢慢悟出来，从全文理解，应该是："同志们，可记得，武昌起义的烈士……"。

学校对学生经常进行爱国主义教育，组织孩子们自演抗日话剧，王方定当时年纪还小，尚不能参加演出。在高年级同学演出的教育孩子关心国家大事的话剧中，老师看中了王方定戴的帽子，便借去作道具，因此王方定特别关心这幕剧和帽子的用途。他印象中舞台上有一个衣架，他的帽子就挂在上面。两个演出的人在台上对白的内容是关于读书不忘救国，救国不忘读书。

1934 年夏，王方定随家人自普陀山避暑回来后，母亲杨肇华突染重病。王方定陪同母亲前往上海看病，租房居住。住所附近有一个弄堂小学叫兴中小学。1935 年，王方定就读于该学校。至今他印象比较深的是每天上学要在学校门口翻写有自己名字的小木牌，证明学生已经来校上课。虽然王方定在这里没读多久就结束了在这里的学习，但是开阔了王方定的眼界。兴中小学离上海华界比较近，是法租界和华界交界之处，大概走两个街区就到打浦桥，过了桥就是华界，有城隍庙，也有水果摊。王道周不准王方定在外面吃摊上贩卖的水果，他就真的不吃。

在 1934 年，王方定离开兴中小学后，父母安排他进入位育小学继续学习。

位育小学的校名取自《中庸》"天地位焉，万物育焉"两句话里的"位育"两字。1932 年 9 月 1 日，位育小学在上海法租界一幢普通的小洋房成立。位育小学的《章程》明确提出的教育目标："尊重儿童个性，满足生活需求，锻炼健康体格，激发爱国思想，助长创造精神，培养治事才能，提高作业兴趣，指导休闲活动。"这样注重学生全面发展的教育理念，在 20 世纪 30 年代上海的学校中是极为罕见的。

位育小学的教学鼓励学生勤思考、多动手。30 年代的校歌中这样唱道："小小门庭小小楼，颜色绿油油；小桌小椅小图书，布置在上头。别说地方小，许多问题供研究。啊！研究，研究，对面是谁的花园，路上有何人巡守？小手小脑小朋友，会想会寻求。做小工人，读小书，还玩小皮球。别说年纪小，打起精神齐奋斗。啊！奋斗，奋斗，幼时在校中活动，长大为国家奔走。"校歌体现一种奋发向上的精神，以及注重实践的教育理念，在上海教育界独树一帜，社会上交相称誉。

位育小学办学有方，来求学者逐渐增多。王方定就是在这里完成了从二年级到三年级的两年学习生活。

在这里，他接受了很好的文化知识教育和爱国主义教育。在这里读书的两年是王方定小学的黄金时代，也是他读过的最好的一所小学。在这里打下的良好基础使他在以后的小学学习中，始终保持班上最好的成绩。

王方定刚转入位育小学学习时，学习跟不上老师的要求。但是，他上课专心听讲，课后积极完成作业，经过一个学期的努力，补上了差距。每天上数学课前 10 分钟就是做速算题，学生算完后交给老师评判。王方定每一次都全部计算正确，所以他也越做越有兴趣。学校要求学生学说普通话（时称国语），于是王方定在学校除了学会上海方言外，还学会了普通话。老师要求学生背诵每课国语（语文）课文，然后默写，老师检查。由于上课专心听讲，听完语文课后他立刻就能背诵下来。

在这里，王方定的学习成绩进步很快，兴趣也越来越高。主课语文、算术老师，也是级任宋老师要求学生每天记日记，要记录一天里特殊的事，上学时交给老师，放学时再发还批改过的日记。

宋老师也十分重视培养学生课外阅读的习惯。她每天发儿童日报给学生们看；放学后的家庭作业主要写日记，没有背书要求，于是就有了更多时间阅读课外读物。读书的主动性也在位育小学培养起来了。

王方定爱读的书有儿童文学、童话以及各种儿童读物。他从中知道了很多历史典故。母亲杨肇华受王方定的外祖父影响，关心时政也热爱文学。王方定记忆里母亲总会带着他去看一些进步话剧，比如《钦差大臣》《太平天国》《阿Q正传》《骆驼祥子》等。王方定也跟着母亲读她喜爱的文艺期刊《宇宙风》和《良友》画报。以后，母亲不断为王方定买书。小学三年级时，母亲给他买了《大学文学读本》和《三国演义》。王方定都读得津津有味。受母亲影响，王方定大学之前最大的兴趣爱好就是读小说。

父亲曾花 10 元巨资给他买了《少年百科全书》。王方定最喜欢文学卷，里面选录了莎士比亚、雨果等世界文学巨匠的作品。王方定逐渐成为班里功课较好的学生。

喜欢读书，读小说，这个爱好扩展了王方定的人生阅历，使他看问题能站得更高、更有哲理。比如说看人，他不会把人只分为好人或坏人两种；他看待跟他一起共事的同事们，他觉得都是好人，没什么坏人，只是每个人的性格不同；品质和性格是两码事。这种认识会帮助他不管与谁合作，都能够好好相处。

每天上午到校后，全校学生集合举行升旗仪式。老师也常常结合抗日的内容讲课。级任老师天天组织学生们读《儿童日报》，结合报上抗日内容教育学生。学校还注意在组织的课外活动中贯穿爱国主义内容，每学期举办一次演讲比赛。王方定被选中参加过两次，其中一次的演讲主题是《缉私和走私》，老师要求讲稿的内容要结合日本人在中国肆无忌惮走私的问题，指出海关缉私的重要性。王方定写了一篇讲稿，题目是《小学生怎样爱国》，他在文中指出，小学生思想上要正派，文化上要上进，体育上要锻炼。经过老师修改后参加比赛，结果还获得了三等奖，发给王方定一面写有"优秀"的镜框。

老师组织学生演出的话剧也贯穿了抗日内容，一次排演了一个影射日本浪人侵占中国国土的儿童剧《老仆人》，剧中的日本浪人由班上一位最顽皮的同学穿上浴衣和木板拖鞋扮演；王方定被安排扮演一个出卖祖宗财产的纨绔子弟二少爷。王方定的家人也很支持，他的母亲把王道周的一件毛料长袍改成中式长衫给王方定穿。父母应邀来学校观摩，回家后父母还奖励了王方定。

1937 年 12 月，王方定随全家离开上海，经香港、越南海防、昆明、成都，最终回到自流井阮家大坟包。1938 年 6 月，王方定被安排就读自流井大坟包中心小学。学校条件很差，学生需要从家里自带凳子去上学，竹筐作书包。王方定平时说的是母亲家乡川中口音的四川话，与自贡的川南口音有较大区别，但他很快就掌握了自贡方言的特点，也会了用自贡方言讲话。

王方定一家人在自贡住了三个月左右后，这时已西迁重庆的兵工专门学校在报纸上登载寻找王道周的启事，王道周见报后便准备离开自贡去重庆。临行前王方定听到父母商量因战局紧张，不宜带孩子们同行，王方定担心父母将他和兄弟姐妹留在老家，便给父母写了一份书面报告，要求不离开父母，最后父母决定一家六口同行。1938 年夏，王方定随父母来到重庆，在三里女子小学插班就读。半年多时间里，他上了四年级和五年级。有在位育小学打下的基础，他不必努力学习也成了班上成绩最好的学生，老师还常常表扬他的作文写得好。

学校的许多活动都围绕抗日的主题进行。老师向学生们讲述沦为亡国奴的悲惨生活，教唱"可怜我同胞们千万名遭殃，不打倒野心狼，印度做榜样"的歌曲。音乐课教学生们唱的都是紧密结合当时战局的歌曲。学校还组织了抗敌后援活动，号召学生节约零花钱支援前线，做棉背心等。

1939 年 2 月初，王方定被送到潼南县双江镇外婆家避难。刚到外婆家时，因为镇上的小学校已经开学，父母便聘请了一位家庭教师教王方定及其姐妹语文、算术和常识，大约教了半个月。王方定和姐妹三人同坐在一间临时布置的教室里，由家庭教师分别一一授课。王方定学习的算术是计算不规则土地的面积；语文学习了《古文观止》中的《陈情表》和《桃花源记》。

半个月的家塾学习之后，王道周设法把王方定送进双江镇中心小学插班学习。双江镇中心小学是前国家主席杨尚昆的父亲杨淮清①于 1928 年倡议创办的。这是当时双江镇上唯一的一所完全小学，校舍借用禹王宫，学校在王方定外婆家斜对面，步行 2、3 分钟就到。

这里学习条件艰苦，白木课桌上墨迹斑斑，学生自购大张白纸制作练习本。学生们不仅没有课外读物，也没有硬笔，一切都用毛笔书写。每天学生上晚自习时要从家里提桐油灯到学校照明。

小学校长唐克敬教算术和音乐，王方定会唱的许多进步歌曲都是在他的音乐课上学会的。

唐校长还带领学生在赶集时上街做抗日宣传，每次都有许多人围观。十几个高年级学生在茶馆门前列队先唱抗战歌曲："锣鼓咚咚敲，旗帜迎风飘，我们的宣传开始了……""工农兵学商，一齐来救亡，拿起我们的铁锤刀枪……"。人们聚集起来后，唐校长便站在茶馆的条凳上讲演。

总之，王方定在双江小学的学校功课很轻松。他有充分的时间阅读小说。王方定先后读了《水浒》《三言二拍》和《野叟曝言》。晚上王方定在油灯下认真地读着字体很小的《聊斋》，渐渐地，他的眼睛开始近视。王方定在学校看同学带来的《七侠五义》和《小五义》。

功课之余，王方定喜爱下棋。他自己做棋子、棋盘。除了下棋以外，

---

① 杨淮清（1868－1948），名宣永，号淮清，杨尚昆之父。1928 年春，他积极筹资，在双江关帝庙办起了"潼南县立第 16 小学"。

王方定还喜欢到农村里玩耍，从田间地头到小溪边，都是他活动的空间。两年的生活大大丰富了他的生活。

三 所 中 学

1941年春，王方定从双江小学毕业考入潼南县立初中。他所在的小学有毕业生12人，只有3人考进了县立初中。

潼南县立初中前身是1833年创办的鉴亭书院；1903年，学校改为初等小学堂；1906年，学校升为高等小学堂；1914年，学校更名为潼南县高等小学校；1924年，学校更名为潼南县初级中学校。1924—1949年，学制为初中三年、高中两年，实行春、秋两季招生，开设有国文、数学、英语、物理、化学、党义、公民、史地、体育、音乐、美术、劳作等学科，注重启发式教育，考查学生学业、操行、体育成绩等。

学校按童子军制，全校称为中国童子军3024团，每班是一个中队，实行军事管理。王方定印象最深的是吃饭，每顿饭限时10分钟，听到5分钟时的警告哨音，学生们都不敢再去盛饭，赶紧吃完饭。学生们每周只放假6小时，即星期日上午10点到下午4点。星期天早上学生们在教室和宿舍里打扫卫生，经过老师检查通过后才准出校门，下午4点全校集合点名，周末回家几不可能。

潼南县立初中的学习条件和教学水平都很差，窗户没有玻璃，冬天用纸糊上。学生很顽皮，将窗户纸捅破，冷风就吹入教室。风吹着晚上学生自习时点的油灯，于是学生们就自己做灯罩。英文教学最差，初一刚

图2-1　潼南中学新校门

开学时，由于英文老师未到校，由校长倪文穆代课。他用了好几节课教字母。后来英文老师到校后给学生上课，学生听不懂。第二学期更换了英文老师，启用下一册新书，进度仍然是每学期五课，学生们越学越没兴趣。学习工具只有一支毛笔，无论是写作文、做数学，还是写英文作业都用毛笔。

在这里王方定遇到了两位好老师。顾文卿老师教王方定数学。他不仅书教得很好，而且为人豪爽幽默，非常受学生欢迎。顾老师在课堂上生动幽默的教学使学生能够更加专心听讲。他用自己的表达方式把公理、定理讲得明明白白。王方定在数学方面打下了坚实的基础，这使他后来插班进入重庆南开中学学习时，数学是最跟得上的一门功课。音乐老师龚克老师使用简谱教学。他教学生唱进步歌曲，如《黄河大合唱》《垦春泥》《夜半歌声》等。王方定也很喜欢上他的音乐课，不知不觉中他竟学会了识简谱，从此就会自己唱新歌了。

1941 年，校长倪文穆积极推行国民党的反共政策，企图取消学生自治会；在经济上巧立名目，克扣老师薪金；以捐献为名，向学生摊派图书费，致使师生不满。4 月酿成了震动全川的学潮。

在学潮中，一天下午，王方定看见同学之间交头接耳传递罢课的消息，然后逐渐有学生离校回家。本来就恋家的王方定也走上回家的路。他到家时天已经黑了。他回家玩了个痛快再回到学校时，校长、教导主任和许多老师都换了人。

学习之余，王方定经历了很多非常有趣的少年生活，如钓小虫、踢微型足球、打牙祭、观奇景等。

1942 年秋，王道周见潼南中学办得很糟，王方定知识水平没多大的提高，玩性却增大不小，而且王道周所在的学校也迁到重庆的沙坪坝，他便带王方定去重庆考学。但因事先了解情况不足，他们到重庆时各中学均已招过生，王方定只有在家自修半年。

南开中学是秋季开学，而潼南中学是春季开学，相差一个学期，这使王方定有时间补习功课。在这半年里，王道周请兵工学校和弹道研究所的同事给王方定补习英文、物理和化学。在兵工学校教英文的王文光老师是牛津大学的留学生，他给王方定补习英文，讲课时仅翻译课文，不涉及一点语法。照此学法去应对南开中学的英文学习很吃力。在兵工学校教普通物理的柴祖彦帮助王方定补习物理。王方定在潼南中学没有听明白老师教的阿基米德原理，结果柴祖彦给王方定讲阿基米德原理，他却听明白了。王方定在潼南中学时没学过化学。教化学的何兆仪是弹道研究所的研究人员，教科书是初中化学，她照书本讲课。还把王方定带到她的化学实验室去观看和演示。例如讲到30℃时乙醚挥发，她就倒一些乙醚在王方定手上说："你看，马上就挥发了。"南开中学的化学考试要考化学方程式，虽然何兆仪讲课很生动，可是这些她都没讲，这样王方定就无法应付南开中学的考试了。

1943年春，王方定考入重庆南开中学开始初二下学期学习。

重庆南开中学的成立，要追溯到1934年10月17日召开的南开学校建校30周年纪念大会。会上，张伯苓[①]总结办学经验，宣布南开以"允公允能"为校训，以培养学生"爱国爱群之公德，与夫服务社会之能力"为目标。张伯苓的教育思想和办学理念已日臻成熟，达到新的高度。学校的教学质量和育人成果为世人称道。然而，张伯苓清楚地意识到，南开教育事业面临发展艰难甚至生存危机。因此，张伯苓采纳胞弟张彭春提出的往内地建新校的建议。

1936年2月，张伯苓校

图2-2 现在的重庆南开中学校门

---

① 张伯苓（1876-1951），原名寿春，字伯苓，生于天津。中国著名教育家。他把教育救国作为毕生信念，创办南开中学、南开大学、南开女中、南开小学和重庆南开中学，接办四川自贡蜀光中学，形成了著名的南开教育体系，为国家培养了大批英才，被尊为"中国现代教育的一位创造者"。

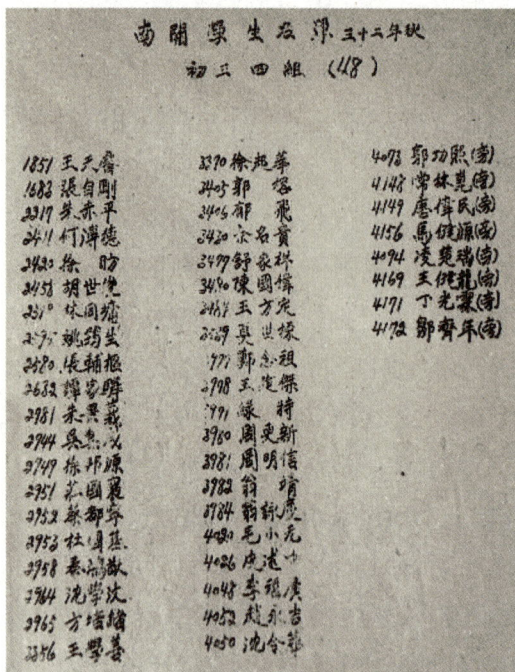

图 2-3　1943 年秋南开中学初中学生名单

长派喻传鉴[①]、严伯符、宋挚民三人来渝选购校址，筹办新校，校名南渝中学，即南开在渝设校之意。27 日举行新校舍落成典礼。1937 年 5 月，南渝第二期工程建筑开始。所建校舍有科学馆，即芝琴楼，由天津陈芝琴先生捐建，受彤楼由吴受彤先生捐建，教职员住宅及学生宿舍等。12 月，奉教育部令，准将私立南渝中学更名为私立南开中学。

王方定学习时的南开中学，校舍在重庆所有大、中学校中都是数一数二的。除了高、初中教学楼、图书馆、礼堂、男生宿舍、女生宿舍、风雨操场、校医院、教职工宿舍津南村[②]，有多层看台和 400 米跑道的运动场。

因为南开中学采取淘汰制，这样每年都可以招生。被淘汰掉的学生有两条出路，一是留在班上当旁听生，争取能在下学期考试中不再出现不及格的学科，就能由旁听而转正；另一就是留级。当时，一个年级有五个男生班和两个女生班。到了期末，后面的人就要被淘汰，这样就空出名额。南开中学不断地用这种淘汰的办法增加新生力量，这样王方定才有机会考

---

① 喻传鉴（1888-1966），浙江嵊县人。南开中学第一届学生，曾任南开中学教务长，重庆南开中学校长。1932 年，喻传鉴受张伯苓指派，赴重庆筹办南开中学分校。他仅用了七个月的时间就完成了选址、购地、规划和建造等一系列繁重工作，可谓效率惊人。在重庆工作期间，喻传鉴担任南开中学校长，兼任四川自贡蜀光中学校长。

② 津南村，位于重庆南开中学内，始建于 1936 年。1936 年 8 月，张伯苓在重庆兴办南渝中学。1938 年 12 月，南渝中学更名为重庆南开中学。为了纪念在天津本部的津南，特在重庆南开校园内仿北方四合院修建了小型的建筑群，称津南村。当时是教职员工的宿舍，抗战期间张伯苓、马寅初、柳亚子、刘兴智等名流要人寓居于此，是当时国民政府文化教育界的社交活动中心。

进去学习。与王方定一起考入的 12 个人，到初中毕业时淘汰掉 10 个人，就剩王方定和另外一个人，他俩都来自农村，两个人非常发奋，没被淘汰。

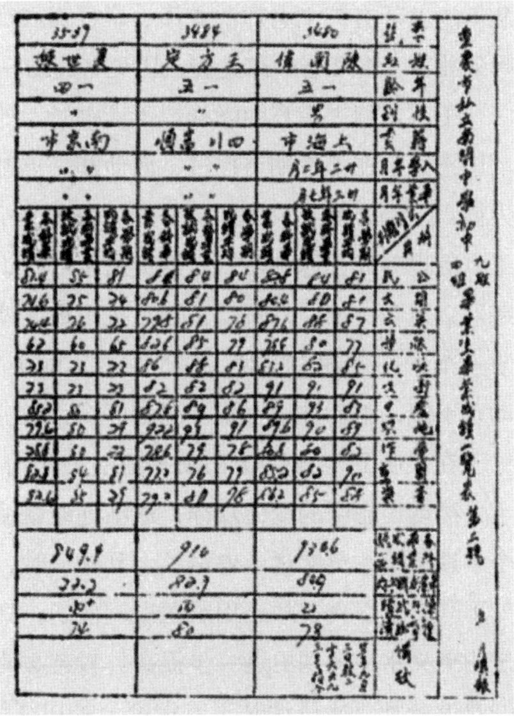

学校对学习抓得很紧。公民、国文、英文、算学、卫生、历史、地理、劳作等课程，教学进度快，练习作业多，考试频繁。王方定刚到学校时几乎不能适应教学进度，于是他把课余时间全部用在学习上。每天下午体育活动时间，他很少参加从小就喜爱的小足球运动，而

图 2-4　王方定的初中毕业成绩

是到鱼池旁边的小树林里读书。他上课认真听讲，下课后及时把不懂的内容弄懂，对于每学期进行的四次考试也逐渐适应了，不会为应付考试而开夜车。

1944 年夏天，王方定以班上第四名的成绩从初中毕业，被保送免试进入本校高中学习，并获得伯苓四七奖助基金 [1]，免交了学费。

南开中学聘请了经验丰富又负责任的老师授课。至今仍令王方定记忆

---

[1]　1943 年 10 月，南开校友总会发起的募集"伯苓四七奖助基金"运动启动，开始向社会各方面募集捐款。此次募集资金是为迎接南开学校 40 周年校庆和张伯苓 70 寿辰，故定名为"伯苓四七奖助基金"。向社会各方面募款，设定目标为"40 加 70"，即 110 万元。所得基金，一部分用来谋南开同仁之福利，一部用作清寒学生之奖助金。1944 年（民国三十三年）1 月 10 日，校务会讨论，对申请"四七奖助基金"学生的奖助标准作如下规定：凡品学兼优而又家境贫寒者，学费全免；家境贫寒而成绩稍差者，学费减半。7 月 17 日，校友总会为庆祝南开建校 40 周年和张校长 70 寿辰而发起的"伯苓四七奖助基金"捐款活动完全结束，原定目标 110 万元，既而增至 280 万元，再改为 470 万元，最后总数竟超过 600 万元，创国内教育捐款之最高纪录。

犹新的老师有英文老师沈立泽、李抒真和高芙初，数学老师王悦，语文老师刘兆吉，地理老师徐兆奎，历史老师汤一雯和甘斗南。

王方定刚进南开中学初二下读书时，他所在的班级英文动词主动、被动语态早已在上学期讲授过，而他却一点都不会，这一度使王方定感到压力很大。南开教英文是一个词一个词抠的，这个方法对王方定帮助很大。王方定也养成了这种习惯，写英文也一个词一个词地抠。因为初二就要做练习、造句、填空，所以王方定花了很多课余时间学英语，他将老师的批改一个词一个词去核对。那时王方定的英文水平很差，按他的话说，"被动态不懂，主动被动也搞不清楚。"王方定把课文和练习逐词逐句地对比，终于在没听到老师讲课和没有语法书的情况下抠清了动词的各个形态在主、被动语态中的变化规律，逐渐地他就能在上课时听懂老师的讲授。一个学期下来，英文过了考试关。到初三时，他的英文成绩逐渐前移。到初三下时，李抒真老师已用难题提问他了。高中一年级上学期的学习使王方定的英文水平得到更进一步提高。教英文的高芙初老师是从中央大学请来的兼课老师，她讲课时王方定都全神贯注地听，能准确地回答她的提问。至今，有的课堂情境仍栩栩如生地展现在王方定的脑海里。英文教材是南开中学自己编的英文选读，书中选的全部是英文原著。由于不加注解，这对英文老师的水平提出了很高的要求。雨果《悲惨世界》中小女孩珂赛特（Cosseet）的悲惨遭遇，都德《最后一课》中的"我"都使王方定深受感动，也想起自己童年逃学的经历和苦难的国家。除此之外，王方定经常写英文作文，基本两周一篇，一学期写七八篇。老师给王方定的第一次英文作文打了60多分。经过不断的努力，王方定的最后一次英语作文得了90多分。天道酬勤，经过老师的栽培和王方定的勤奋，他的英文考试成绩逐步提高，能够保持在90分以上。这些都使王方定对英文的学习产生了浓厚的兴趣，暑假回家也会从父亲的藏书中选读一些课外读物。英语成为王方定日后学习和工作中的一个有用的工具。

教数学的王悦老师是从中央大学请来的兼课老师，她讲完三角函数值在各个象限的变化后，立刻要求能专心听讲的王方定全部复讲一遍。这使他更加严格要求自己，做到能够当场讲述。

语文老师刘兆吉改起作文来特别重视错别字。王方定常犯的错字像沙坪坝的"坝"和起初的"初"，都是在他的督促下改正过来的。

地理老师徐兆奎上课总是笑眯眯的，他讲完一课要画地图，这种教学方法，加深了学生对地域的印象，这让王方定记忆犹新。

历史老师汤一雯和甘斗南，教学各有特色。汤老师谈笑风生地讲历史，非常生动。她要求学生读活书，反对学生死记硬背。甘斗南老师上课严肃，没有一句多余的话，他从上课一直讲到下课，学生们拼命记笔记。学生即使把笔记背得滚瓜烂熟，考试也难得到高分。

1944年王方定还在南开中学读初三的时候，父亲王道周就离开了兵工学校回到了自贡，留下王方定一个人在重庆读书。起初王道周并不同意王方定转回自贡读书，后来南开中学中学部的主任成为自贡蜀光中学校长，这个学校建筑、校舍、老师都跟南开中学一样，南开中学的老师来到蜀光中学教书，蜀光中学的老师也去南开中学教书，老师之间都有交流，所以王道周看到这个情况后觉得王方定可以回自贡蜀光中学读书。1945年初，王方定转学自贡蜀光中学高一下学习。

蜀光中学历史悠久。1924年2月，自流井与贡井盐商创办第一所初级中学。核准为"自贡私立初级中学校"，正式招初中男生。1929年2月，增收女生。1934年10月，更名为"私立蜀光初级中学"。20世纪30年代，自贡本地没有高中，初中毕业生多无升学机会。1937年，张伯苓"鉴于自贡为盐产重心，前途发展，未可限量，而蜀光学生又皆聪颖可爱，极愿对于自井教育，有所效

图2-5 蜀光中学惜阴楼

图2-6 蜀光中学思蜀亭

劳"。10月，蜀光初中校董会增聘张伯苓、缪秋杰、喻传鉴为校董，并公推张伯苓为董事长。同时，议定另建新校舍，增添高中部。1938年5月，蜀光初中校董会聘喻传鉴为校长，议定选购新址，起建新校舍，扩充班次，添设男、女高中部。

王方定当时就读的蜀光中学位于伍家坝上，校门正对釜溪河，背靠小山有思蜀亭和惜阴楼。走进校门一条大路直通礼堂，路两边分布着教室楼、宿舍楼和学生食堂；继续向前是运动场、风雨操场和游泳池。学校对校园美化，曾精心设计，并有专人培育、维修花草。学校恬静、优美的环境，浓厚的文化气息，也对培育学生良好的品德和学习习惯起到相辅相成的作用。

蜀光中学在教育管理上，以教育为先导，辅以制度、规章约束。制度、规章贯彻了"公""能"校训的精神。严格的制度、规章和管理，其目的在于培养对国家、民族有用人才。南开接办蜀光后，从把好招生关入手，着意提高学生质量。

学习科学设置课程，优选教材，提高授课质量，使学生在课堂教学中获得较扎实的基础知识。南开接办蜀光后，将物理、生物列入高中课程。高中课程设有公民、体育、国文、国文选、英语、英文选、算学（含三角、代数、平面几何、解析几何、立体几何）、生物、化学、物理、历史、地理、图画、音乐、劳作等。

在学业方面，有各种考试和测验。各学科教员对学生考查很勤。每学期，各科都有两次平时测验和期末考试。学期总成绩不及格虽然允许补考，但要求严格。

王方定高一下学期成绩 [1]

科目	公民	国文	外国语	数学	生物	历史
成绩	90	82	95	82	84	84
科目	地理	劳作	画图	音乐	体育	操行
成绩	77	70	80	82	72	甲

蜀光中学择优选聘教职员，要求他们首先以身作则贯彻"公""能"校训，勤于钻研本门业务，有良好的品德，实行"教训合一"，把学生培养成为有理想、爱国家、有为国效力本领的人。对聘任的教员，不仅重品德，而且重学历、学识和敬业精神。当时教员来自各省市，绝大多数是大学、学院、专科毕业生。他们中有许多专业知识渊博、教法好、教书育人，一心扑在教育事业上的优秀教师，深受学生欢迎和好评。优秀老师的教育使王方定打下了较好的学习基础，也使他在高考中创下了每考必中的好成绩。

王方定记得讲课最生动的三位老师是数学老师王颖、化学老师王炳仁、英语老师罗达仁。王颖老师非常重视个人仪表，每次上课都西装革履。他讲课逻辑严谨，语言流畅；在讲堂上讲的内容学生们能听懂，尤其是学生考大学时做数学题，学生不会觉得摸不到门路。学生可以沿着他的思路顺利地听讲，轻松做习题。他给王方定上了两年的代数和解析几何。化学老师王炳仁总能深入浅出地讲解比较难懂的问题，列举实例讲难点，想尽办法让学生在课堂上听懂。英语老师罗达仁老师教王方定第一节英语课时，整堂课都用英语讲课。他不仅要求学生在课堂上练习英语对话，还时常要求学生写作文。有一次王方定写英语作文"My ideal wife"（我理想中的妻子），罗老师给的批语是：It strikes my eyes.（这篇文章吸引了我）。上课时罗老师还表扬王方定作文里使用的句型很好。

南开接办蜀光后，把指导、鼓励学生开展课外活动，作为贯彻"公""能"校训的重要内容。实行"导师制"，导师辅导学生成立班会、

---

① 私立蜀光中学1945年第一学期男生部高级第七班一组学生前学期成绩一览表（1945年9月填报）。档案，1945年。资料存于采集工程数据库。

组建社团、出墙报、开展课外阅读、排练文娱节目、举办专题集会、出外宣传、义务劳动、参加捐献和各类竞赛等。那时，各班有班会，还有各种各样自主选择内容、自由组合成立的课外活动社团组织。社团性质各异，有习文笔的、读书学习的、时事政治性的、科技类的、剧艺性的、音乐性的、体育性的等。1938 年秋至 1949 年底，有野禾芒社、燎原社、习潮社、笔垒社、铁流社、紫白剧团、八·一二剧社等上百个社团。

学生利用课外时间办的壁报，内容丰富，体裁多样，质量较高。内容有文学、时事、政治、纪念专刊等。王方定从小就培养了喜欢读文学著作和写文章的能力。他参加了学生社团"习潮社"，出版壁报和诗刊。王方定不会写诗，只为壁报写过一些文章。

1945 年 9 月，自贡市连续几天庆祝抗日战争胜利纪念。正值高二上学期开学，晚上王方定和同学们上街观看游行。当他看到一辆车上站着三个人，中间那个人打扮成美军时，心里很不高兴。他回校就写了一篇抨击的文章刊登在壁报上。

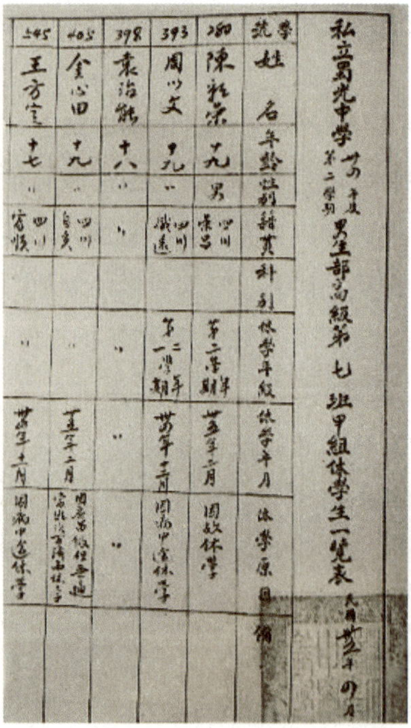

南开中学接办蜀光中学后，十分重视学生身体素质锻炼。各年级均有每周两小时的体育课。每天学生有晨操或课间操，以及下午大约一小时的课外活动进行体育锻炼。为了推动体育运动，蜀光中学每年春秋都举行全校性运动会，全体师生都要参加，不许缺席。虽然王方定不擅长体育，但仍积极参加办运动会的快报。

高二上学期已经上课后王方定才去报到。当时在四川疟疾还比较流行，王方定又感染疟疾，迟迟没有康复，身体

图 2-7　蜀光中学休学名单 ①

---

① 蜀光中学休学名单。档案，1945 年。资料存于采集工程数据库。

极端衰弱。耽误功课时间长了，学校不允许王方定再复学，王方定因此休学一年，1946 年 9 月，重返蜀光中学学习。

学生经过以"公""能"为校训的德、智、体、美、劳全面培育后，普遍素质高，学业优良，升学率高。蜀光中学毕业生素质高，因而享誉全国，一些著名大学和专业学校委托蜀光中学代招、代考新生或准许保送优秀毕业生免试入学。20 世纪 40 年代，燕京大学曾寄试题到校，委托代招、代考大学一年级新生。学校曾保送一些优秀毕业生到西南联合大学、南开大学、中央大学、四川大学学习。由于当时各大学分别招考新生，可分别应考，有不少人同时考上两三所大学。

高中毕业时，王方定虽然成绩不错，但是因为体育课不及格，补考要求横渡游泳池。可是他不会游泳，没有参加补考。最终在毕业生全部离校后，体育老师罚王方定留在学校里做早操，每天做一个早操加 5 分，加到 60 分才能回家。因为他体育不及格，没有评为优等生。在蜀光中学高中毕业时，他和每位同学一样得到三张临时毕业证，用作报考大学之用。

后来，因重庆大学催请交付高中毕业证书，1951 年 5 月 5 日，自贡市人民政府文教局发给王方定的修业成绩及格证明书："据私立蜀光中学呈以'该校高八班学生王方定于 1948 年春季在该校修业期满，参加毕业考试成绩及格。但该生原肄业初中早已停办，故考入南开高一迄未核定学籍。转入该校肄业亦无转学证书，现该生肄业，重大催请发给毕业证书，特此转请核示'前来。查该生既无转学证明，又未核定学籍，自不能补发毕业证书。惟能称高中修业期满考试成绩及格一节。经核确属实在特予证明为上。"1952 年，蜀光中学为王方定补发了毕业证明书。

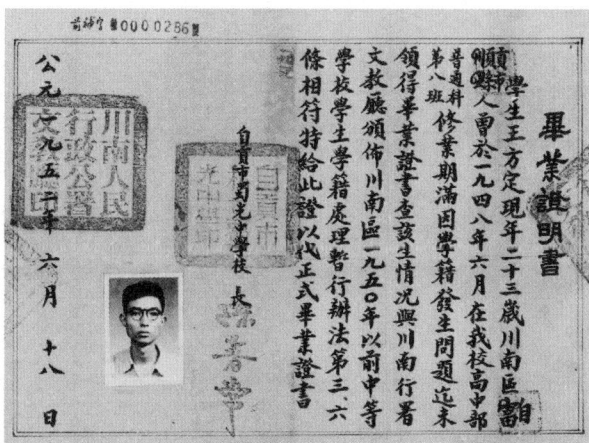

图 2-8　蜀光中学为王方定补发的毕业证明书

学校保送王方定参加燕京大学来校提前招生的考试被录取，还保送他免试直接升入天津南开大学。王方定的父母一直希望考入交通大学，然后去麻省理工学院留学，所以王方定这时没去保送的这两个学校，他选择到上海投考交通大学。

三 所 大 学

王方定最初的理想是当一名医生。他的母亲杨肇华非常希望王方定长大后成为一名医生，可以救死扶伤。但是他的父亲王道周却不赞成。王道周认为学医的人睡不好觉，太累。

当时，有很多蜀光中学的校友在上海上学和工作。有在交通大学的电机系、机械系、运管系、财管系、轮机系，有在同济大学的土木系、机械系、法律系、医学院，与交大为邻的立信会计专科学校等都有蜀光校友。王方定这一届学生毕业之际，蜀光校友会写信给母校告知蜀光中学的毕业生可以来上海报考大学，校友们可以帮助安排住宿。

于是，1948 年夏，王方定随好友唐士至一同前往上海投考大学。他们

图 2-9 上海交通大学校门

先乘车赴重庆，然后从重庆乘飞机直达上海虹桥机场。在蜀光校友的帮助下，王方定住在交通大学的学生宿舍或教室，准备考试和等待发榜。当时这些蜀光校友都在忙于四处找工作，使王方定对大学生毕业即失业有了一些感性认识，并成为他报考时选择系科的重要的考虑因素。交通大学电信管理系的系主任是当时上海电信局的局长，所以王方定认为考入他所在的电信管理系，毕业后就一定能到他负责的电信局去工作。于是，王方定报考了交通大学的电信管理系。

王方定在招生报名单上依次填写的报考志愿为管理学院电信管理系、运输管理系，工学院化工系；报考奖学金；笔试科目：国文、英文、数学、物理、化学、史地公民。发榜后，王方定考上了电信管理系。这年，国立大学学费法币 1500 万，而私立大学学费法币 4 亿。他排名前 25%，获得了奖学金[①]，王方定连伙食费都不要交，很高兴。

1946—1950 年，交通大学的教学计划特点是"注重实际而施以严格训练""以理为基础，工为应用"，一、二年级的课程着重于数理化及一般工程的基本学科，同时加入专业工程的初步学科，三年级的课程注重于专业工程的基本学科，四年级分设专门化，多设选修课。

王方定在交通大学电信管理系一年级上学期学习的课程有数学、物理、英文、机械画、经济、经济地理和会计。物理老师赵富鑫先生使用教材是 Sears 的普通物理。他是南方人，用江浙话讲课，所有的专有名词都用英文讲。幸亏王方定曾经阅读过王道周藏书中的 Watson 的普通物理，所以听起来并不费劲。经济课学习了社会、学生产、生产资料、生产关系、劳动。会计课老师要求学生从簿记学起。日记账和分类账对王方定以后整理资料的方法启发很大。王方定在学习中感到困难的是机械画。王方定很庆幸后来改学了对工程画要求不高的化工专业。

临近 1948 年底，交通大学酝酿迁校去台湾，王道周不愿意王方定随校去台湾，于是给王方定寄来了丰厚的路费令他见机行事，必要时甚至可

---

① 奖学金交通大学校在创办之初，即有奖学的规定。对于成绩优异兼品行端纯的学生，可退缴该学期学费。学生对于所习科目有所特长，在本校展览会、运动会、辩论会、演讲会等取得优异成绩者，由学校发给奖品。此外社会各方面还在交大设立了名目繁多的奖学金。

图 2-10　上海交通大学图书馆

以休学回家，千万不能去台湾。

因为王道周有很多学生在上海，有的学生是交通大学的教授，所以他的消息比较灵通。当时上海生活开销很大，加之通货膨胀，货币贬值，生活较苦，王方定也就很想回家。当时正值淮海战役，学校当局为了分散同学力量，削弱学生运动，允许大一新生休学回家。王方定当时也休学回家。正值一位在南京中央大学上航空工程系的四川老乡陈家荣来到上海，打算回重庆。王方定便迅速决定与他同路回家。1948 年末，他们托在民生公司工作的交大轮机系校友买到了五等舱票，经过 18 天逆水航行回到了重庆。王道周寄来的路费比较丰厚，同船的陈家荣买了船票就没钱了，所以他先使用王方定的钱，每次花钱他都要记账。回到重庆后，他把所有的支出每人负担一半，把钱还给王方定。1949 年 1 月，王方定返回自贡。

王方定的姐姐与另一堂姐很亲近，该堂姐的丈夫新中国成立前是国民政府时期的区长，也兼自贡市东垣小学校长。经过堂姐的介绍，王方定的姐姐去做小学三年级的级任。1949 年 4 月左右，王方定的姐姐准备去重庆，令王方定前去该校代课。于是，王方定来到自贡市东垣小学教书，担任教小学五年级级任。12 月，自贡解放。1950 年上半年，教导主任由推举产生，王方定被选作该校的教导主任。但是王方定一门心思想考大学。王方定的妹妹参军了，母亲杨肇华不放心女儿，建议王方定也跟着妹妹去参军。那时候参军很时髦，可是王方定只想考大学，继续读书。

他给上海交通大学写了一封信，学校也给他复信同意他回校复学。那时西南地区最好的大学就是重庆大学，王方定计划着如果考不上重庆大学，就去上海交通大学复学。

那时人们并没有把学历、大学的名气以及是否留过学当成很重要的事，那时最重要的事情是参加革命。可是王方定并不想参军，只想念书，所以他认为在哪个大学读书都一样，而且当时的王方定有点懂事了，他认为如果自己再到北京或者上海那么远的地方去读书，离父母也很远，他们会很惦记，不能再这样折腾父母了。他认为大学都差不多，毕业工作都是国家分配，还不如就近念书。当时，父亲王道周是西南化工局的总工程师，所以王方定就选择攻读化工系。其实王方定最初对化工并不是很感兴趣，但他觉得兴趣也都是培养出来的，无论是自然科学还是人文科学，即便是没有兴趣，一头扎进去也就有兴趣了。王方定来到重庆大学后才开始接触化学实验，不像班上的很多同学在小时候就已经开始做实验了。好在王方定在读高中的时候受父亲的影响，对化学知识有一些了解。他家里有很多化学专业方面的书籍，在高中时他就已经翻看了很多。家中来来往往的父亲的朋友们都是化工领域的工程师，他们在家里探讨学术的时候，王方定特别喜欢搬来一个板凳坐在一边听，大人们的谈话对他的影响很深远。

1950年夏，王方定和同学刘在常、曾祥渊一起离开自贡去重庆投考大学。这年，王方定以第二名的成绩考进重庆大学化工系。考进重庆大学化工系前四名的学生，同年也考上了清华大学化工系，其中三人都没有去清华大学读书。此时，王方定在交通大学时原来的同班同学，那时已是大三学生，而他又要去做大一新生，压力很大。

重庆大学位于重庆西郊沙坪坝镇，校园面积很大。校舍除了老重庆大学的工学院、理学院、图书馆、两座宿舍和食堂，还有抗日战争胜利后中央大学复员南京后留下的战时简易平房。

开学后，王方定被定为化工系学生会学习干事，主要参加学生会学习部召开的布置政治学习的会议，然后回到化工系后向各班学习干事传达学习要求，各班再根据要求讨论后，收集讨论情况，向学生会学习部汇报，经过讨论

图 2-11　王方定在重庆大学时学生证件照

研究，再带回来下一步学习要求，上课成为可有可无的事。

王方定的大学一年级课程有微积分、普通化学、工程画、机工实习、化工概论、社会发展史、科学英文、化学实习等。二年级的课程有新民主主义论、普通物理、有机化学、分析化学、机动学、热机学、工业计算、定量分析、工程力学等。所有教材虽仍采用英文原版，但是都买不到，王方定只能买高年级同学使用过的旧书。

王方定最喜欢上的课程是机工实习。实习工厂的设备虽然陈旧，但是每周王方定都有新鲜的工种去见识了解。王方定学过车工、钳工、锻工、刨床、翻砂工。

在重庆大学王方定有幸遇到了一些优秀的教师——赵华明博士，他毕业于美国华盛顿大学。他讲授有机化学，讲课时成都话中夹掺杂着许多英语单词。分析化学老师周兆丰把分析实验中的每一个步骤都讲得很详尽，学生听得清清楚楚。很多分析化学实验中学到的知识对王方定后来的工作帮助很大。

张承琦先生讲授的工业计算是一门与实际运用关系密切的课程。虽然很多学生都不喜欢这门课，但是王方定却非常喜欢。化工计算需要联系很多化学反应来做。这门课训练了王方定缜密的科学思维。

重庆大学读书期间，王方定参加了一系列的政治运动。在军事干部学校运动中，王方定没有很早表态要报名。父亲得知王方定是否参军的矛盾问题时，及时告诉他，军队也需要技术人才，并且建议王方定报名参加需要测量学、应用数学的炮兵。于是王方定的思想矛盾得以解决，并报名参加了军事干部学校。

在《入团志愿书》中，王方定也写到：1950 年第一次参军运动以前及开始时，我对运动是抗拒的。因为那时有着严重的纯技术观点，尤其新中国成立后，国家展开了大建设，技术人员更吃香。一心想在学校啃业务，出去当工程师。因此在参军运动初期，思想是关门的。及至同学们纷纷报名，自己似乎显得太落后了。……这时同学们开始帮助我。又开了参军座谈会。我的思想开始慢慢地想了。这时是非常

*痛苦的。夜里老是睡不好。翻来覆去的乱想。*①

在《投考军事干部学校志愿书》中，王方定对投考军事干部学校的认识："美帝把侵略的火焰燃到了我国的边境。无耻的帝国主义又将走上日本侵略我国的老路。如果在这强敌临境、祖国安危受到威胁的时候，还想埋头看书，一心要做一个工程师，绝不是能达到目的的希望。加上祖国对军事干部人才的需要。为了保障自己的安宁，更为了维护世界和平，我认为投考军事干部学校是必要的，而且是光荣的。"班级意见认为王方定"适合参军。他有决心，仇美爱国情绪够，但缺乏组织性，不习惯集团生活，适合于从事医务、电讯等后勤工作"。②

军干校体格检查的要求很严。检查视力时，王方定的左、右眼视力都小于0.2，就被刷了下来。最终报送委员会意见是身体（条件）不够。

镇压反革命运动后，政治运动出现了一个短暂的休整时期。于是，团委、学生会开始主抓业务学习。学生干部要与同学一同吃、住、上课。王方定作为班级学习委员，参加了学生会学习部组织的学习经验交流会。他在会上介绍抓学习的工作经验和方法。学生会组织同学参加科普协会，王方定被安排到沙坪坝科普展览会担任讲解员。王方定不仅积极地参加了这些活动，而且他开始逐渐适应没有周末和寒暑假休息、常年工作学习、经常开会的生活了。

王方定在"三反""五反"运动中被分配到管理重庆肥皂业的小组，即重庆第八检查大队，下面分若干个组，肥皂小组是其中一个组，这个组大概有10余人，管理重庆几十个肥皂厂，抓这些厂里面有没有行贿、偷税漏税、偷工减料、盗窃国家资财、盗窃国家机密情报。在本次运动的《鉴定书》③中，小组意见认为王方定"工作主动，能依靠群众，抓紧积极分子工作。工作能吃苦。在掌握政策方面，发展群众工作中得到了锻炼。对'老虎'思想情况没有及时汇报，工作积极负责。"队部意见是"该同志在

---

① 入团志愿书。档案，1952年。资料存于采集工程数据库。
② 投考军事干部学校志愿书。档案，1950年。资料存于采集工程数据库。
③ 鉴定书。档案，1952年。存地同上。

此运动中工作积极负责，能吃苦并能发动群众掌握政策，因此取得成就。"此次运动总结特予以表扬。

王方定在"三反""五反"运动中接受了一次深刻的阶级教育，认识了资产阶级的本质和无产阶级在革命事业中领导的正确。回学校后他便向党表示了入党的要求，并被推荐为党的积极分子。在《入党申请书》[①] 中详细论述了他的家庭及个人历史、社会关系、对家庭及这些社会关系的认识、入党动机、准备怎样作一个共产党员等方面的情况。

后来，重庆大学又开展了"思想改造"运动，是对老师的改造运动。当时，学校系主任老师根本没有威信，由学生去改造他们的资产阶级思想。王方定就是被派去改造老师的学生之一。他要组织化工系的教授、副教授、助教、讲师在化工系的实验室里学习文件。学习知识分子中哪些是资产阶级思想，要把它改造过来。每一位老师要联系自己，谈认识。

王方定喜欢轻松、自由、无拘无束，但是他作为化工系学生会的学习干事，全部工作就是组织有关政治运动的学习，上课可有可无，这使他感到很痛苦。于是他萌生了放弃上学，想另谋出路。他在报纸上看到四川长寿化工厂刊登广告，招收实习生，于是他想去投考。王方定把想法告诉父亲后，父亲不同意，王方定只能放弃。

他在这些政治学习中不断受到教育，克服了以往自由散漫的毛病，加强了对学习和工作的责任心，从而做事不是单纯从一己兴趣出发，而是一定要完成自己承担的任务。王方定也在这些学习中，锻炼了做群众工作的能力。

1952 年 3 月 25 日，王方定在重庆市增产节约委员会第八检查大队经同学董文伟介绍，递交了入团志愿书，加入了新民主主义青年团。

1952 年，国家开始了全国高等院校院系调整工作。在重庆大学学生会组织院系调整的有关学习时，王方定了解到泸州拥有西南地区最大的化工厂，即 255 厂，隶属兵器工业部，主要生产火药、火工产品，也生产硫酸、酒精、塑料等民用产品，该厂与学校专业相合，如果去泸州学习对化工系

---

① 入党申请书。档案。资料存于采集工程数据库。

学习有利。在西南军政委员会文教部命令［文高（52）字第4522号］中写到：决定1952学年开始，在泸州川南工业专科学校暨川南行署原址设立化学工业性质的高等院校一所，定名为四川化学工业学院。1952年11月17日，四川化学工业学院正式成立，由10个系科组成：重庆大学化学工程学系及化学工程专修科的机械组，四川大学化学工程学系及农业化学系的农产制造组，川北大学化学工程学系，西南农学院农产制造系及农产制造专修科，西南工业专科学校化学工程科，川南工业专科学校化学工程科，乐山技艺专科学校化学工程科及造纸科；本院不分系。郑方为副院长和院党总支书记。建院时，有本专科学生1075人。这样，重庆大学原有的六个学院被肢解，化工系一年级学生39名，以及王方定在内的化工系二年级学生30名被并入四川化学工业学院。

学校位于泸州市中心。进校门正对着校办公楼，左边是教室和图书馆，右边是大礼堂。实验室、食堂和宿舍分散在城市其他街道上。王方定所在班级的宿舍是一座小洋楼，虽然条件不错，但是不像学生宿舍。

因为学生毕业，每个学生档案要分配出去，王方定协助重庆大学党支部整理学生档案，每个学生档案都要看一遍，觉得有问题的地方用红笔勾画出来，最后把每个人的档案再交出去。王方定因参加审干工作未完，没赶上与大队同行，10月28日到泸州新学校时已经上课。他进入四川化学工业学院化学工程系三年级乙班学习。虽然他在这里学习时间只有短短的几个月，但整个三年级没有了政治运动，基本都是抓学习，所以是他进大学以来业务知识学习时间最多的一年。王方定是团支部书记，正好又是个喜欢学习的人，于是他在班里抓学习抓得很紧，团支委开会就研究学习，比如研究谁的哪门功课没学好，派谁去辅导他。

三年级课程有新民主主义论、化工原理、工业计算、物理化学、工业化学、工业分析、电工学等。

张洪沅先生教化工原理。他上课时拿张小纸条，讲课时，不由自主地变成了成都话，也使用普通话，偶尔又用英语讲课。王方定以后在放射性废物处理的运行工作中还曾经用到在这门课上学到的知识，如：流体流动和输送、蒸馏、蒸发、破碎等单元操作。物理化学老师高治善先生讲课概念清楚，逻辑性强。学生即使学习物理化学中非常难学的热力学，也不觉得困难。

化工实验由姓古的老师带。实验室是他从无到有地建立起来的。王方定觉得这个老师挺不错，化工实验设备不容易搞，还要加热，但古老师搭建了一套实验装置很不错。后来王方定在工作中遇到流体输送和测量的问题时，就会想起这位朴实、认真的老师和他的实验室。

1953年7月1日，王方定经李烨、李葆庭介绍入党，并在建党32周年纪念大会上宣誓入党。

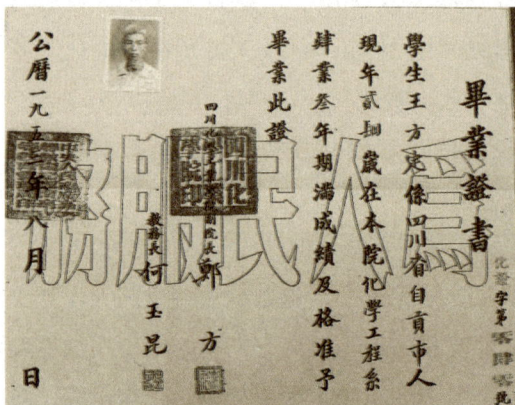

图2-12　王方定的大学毕业证

毕业考试完毕，王方定在重庆水泥厂和重庆棓酸塑料厂各实习了半个月，对课堂上学习的知识增加了很多感性认识。棓酸塑料厂是徐僖[①]利用四川特产五倍子酸的科研成果而建的新厂。实习期间，徐僖还专门为实习生们讲解了蒸馏塔的设计及建造。

水泥厂自然就和化工原理结合起来，王方定一看到旋转的球磨机、粉碎机，流体在里面流动，全部都是化工原理的知识。

1953年夏，学校先组织毕业生学习，然后各自联系自己的要求，填写对工作分配的志愿。王方定坚决服从组织分配。他认为什么地方最没有人愿意干，而组织最需要的，他就愿意去。

王方定说："别人都不想当助教，十几年在学校待够了，谁还想在学校

---

① 徐僖（1921-2013），江苏南京人。高分子材料学家，高分子材料学科的开拓者和奠基人之一。1944年毕业于浙江大学化工系获学士学位，1948年获美国李海大学科学硕士学位，1991年当选为中国科学院院士。长期从事高分子力化学、高分子材料成型基础理论、油田化学以及辐射化学等领域的研究。采用超声波等力化学方法合成了一系列难以用一般化学方法合成的具有特殊结构性能的有应用前景的嵌段和接枝共聚物。提出通过氢键复合可以有效降低导电材料的结晶度，提高材料导电率，推动了快离子导体研究。

待呀，坚决不在学校。于是毕业填志愿时没有填学校的，助教没有填。而我第一个志愿就填助教。"[1]

在《四川化学工业学院毕业生登记表》[2]中，王方定写到：对化工原理较有兴趣，但学得不好。工作志愿方面，①助教，②化学兵工工厂技术工作，③工厂技术工作。工作地区：①西南，②华北，③东北。小组班会意见是：王方定"学习努力，底子较好，成绩好。政治时事学习努力，要求自己严格。有些自满情绪。群众中有威望，与群众有一定联系。展开批评不够。生活纪律遵守好，工作负责积极，肯开动脑筋想办法，发动大家搞工作不够。"学系的具体意见是"学习和工作都好。在群众中有威望。赞同小组意见。适合于研究文教工作"。协助毕业生分配工作委员会的意见是"留本院（四川化学工业学院）做助教"。

1953年，虽然255厂分配到10个毕业生名额，但是王道周认为父子在一个单位工作不方便，所以不同意王方定来到255厂工作。自王方定读书以来，父亲都是尽可能把他留在身边，然而这次他对王方定的管教却从约束转变为放手了。

8月的一天下午，全体毕业生聚集在学校礼堂开会，听取学校公布分配方案。王方定被分配到中国科学院近代物理研究所。

---

① 王方定访谈，2014年6月4日，北京。资料存于采集工程数据库。

② 入党申请书。档案，1953年。资料存于采集工程数据库。

第三章
踏上放射化学研究之路

适应新的环境

1953 年 8 月中旬，王方定拿了报到的介绍信和党员关系介绍信，与应届毕业分派到华北的百余名学生一起，组队离开学校所在地泸州，由傅依备任队长带队，乘船经重庆到达武汉，后转乘火车于 8 月 29 日抵达北京。经过这段经历使王方定开始对傅依备有了好的印象：他为人耿直，思想活跃，善于动脑，敢于斗争。因此，王方定觉得能和他一起分配到科学院工作很高兴。四川化工学院一共有六个人分配到中科院，傅依备等三人分到长春应化所，王方定、邓佐卿、蔡亲颜分在近代物理所。

傅依备[①]回忆当年带队大学毕业生北上时说：

[①] 傅依备（1929-），湖南省岳阳县人。核化学与化工专家。1960 年毕业于苏联列宁格勒化工学院，获副博士学位。回国后在清华大学任讲师，1963 年调至国防部九院，负责九院核试验放化测试任务，突破了许多关键技术，满足了我国发展国防核技术的需要。发明了指示剂诊断聚变和裂变中子能谱和中子总数的方法。主持建立了钢丝绳快速取地下气体样品的方法，为现场速报试验结果做出了贡献。负责组建了激光聚变微靶实验室，研制了一系列惯性约束聚变实验用微型氘氚靶。在同位素化学、辐射化学和辐射材料改性研究等领域进行了开拓性的研究。提出了库存铀钚金属和高分子材料的相容性问题，开创了上述材料在弱辐射场作用下贮存可靠性相关的材料化学研究，并取得了一系列重要结果，对评估库存的安全可靠性具有重要意义。2001 年当选为中国工程院院士。

要我负责带他们（指毕业生）坐船到重庆去，到重庆整坐了一个晚上，那夏天热得一塌糊涂。我记得那一天房间里面简直没办法睡觉，房间里面见不到一点布，棉花都没有，都是木头的，但是到处摸到都是烫的，这么厉害，好热的重庆，我们第一次感到重庆这么热，热得很厉害，睡在外面也热，睡在外面本是露天嘛，但还是热得厉害，我第一次经历这么热的天气。那个时候四川没有铁路，后来我们又从重庆坐船到武汉。我们转火车，从武汉坐火车一直坐到北京。到了北京以后，每个人到的地方不一样，所以各自拿着行李到自己要去的地方。大概我们有六个人被分配到靠近北海的文行街的科学院，到那就集中以后，住了几天。后来等到第二次分配，因为科学院有很多研究所，分到哪个研究所，走的地方都不一样。没几天之后就宣布了这个名单，我和另外两个人，就分到了长春综合研究所，现在很有名的应用化学所。他（王方定）分到哪里去了呢，我当时不知道，后来才知道他是在物理所。[①]

毕业生到达北京后，各自奔赴工作单位报到。王方定在北京火车站雇了一辆三轮车，带着行李直奔中国科学院。

刚毕业的学生在学校经过知识分子思想改造等政治运动，对老科学家存在"左倾"认识问题，因此，分配到科学院京区的应届大学毕业生报到后，首先集中在中国科学院院部学习党对知识分子的政策。

王方定在科学院院部进行新生训练的时候，有一次，所有分到科学院的毕业生坐在一个大教室里面听钱三强先生演讲。钱先生提着大皮包就来了。听后，王方定心想很少有科学家能够做这么生动的报告，一般的科学家都是比较讷于言的，讲起科学来很熟，但讲别的就不行了，这位科学家真不简单！王方定一开始就对钱先生产生了很好的印象。

毕业生在科学院院部住了三个多月，学习完党对知识分子政策后，被

---

① 傅依备访谈，2014 年 9 月 11 日，绵阳。资料存于采集工程数据库。

分配到近代物理研究所 [①] 的有 13 人。近代物理研究所位于东黄城根甲 42 号。所里青年团代表吕敏和人事干部接毕业生到所后，王淦昌 [②] 副所长接见了他们。王淦昌向他们介绍了所的情况。五位化学、化工专业的学生：北京大学马明燮、浙江大学张积舜、四川化工学院邓佐卿、蔡亲颜和王方定被立刻分配到放射化学组工作 [③]。该组主要是围绕建立反应堆所需要的材料和需要的分析工作进行。反应堆材料第一个需要铀，第二个需要慢化剂，即重水，第三个需要的慢化剂，即石墨，于是就有铀组、石墨组、重水组三个组，还有质谱剂质谱分析、光谱分析两个组负责分析工作。王方定被分配到铀组工作。

铀组组长放射化学家杨承宗 [④]，1951 年 10 月从法国回国，参加近代物理研究所工作。副组长郭挺璋是一位很有造诣的理论化学家，为了原子能

[①] 1950 年 5 月 19 日，中国科学院成立近代物理研究所，政务院任命吴有训为所长，钱三强为副所长。所址在北京东黄城根甲 42 号。1951 年 2 月 13 日，钱三强担任近代物理研究所所长。1953 年 10 月 6 日，科学院院务会议决议，将近代物理研究所改名为中国科学院物理研究所。1954 年 1 月，物理研究所从东黄城根迁到新址中关村。

[②] 王淦昌（1907-1998），出生于江苏常熟。核物理学家，中国核科学的奠基人和开拓者之一。1929 年毕业于清华大学物理系，1933 年获柏林大学博士学位，1955 年被选聘为中国科学院学部委员（院士）。他首先提出了用激光打靶实现核聚变的设想，是世界激光惯性约束核聚变理论和研究的创始人之一。王淦昌参与了中国原子弹、氢弹原理突破及核武器研制的试验研究和组织领导，是中国核武器研制的主要奠基人之一，荣获"两弹一星功勋奖章"。

[③] 1951 年，近代物理研究所对研究工作的组织和领导作了调整，分为 7 个小组。第一组：高压静电组，组长赵忠尧；第二组：核乳胶组，组长何泽慧；第三组：电子学组，组长杨澄中；第四组，探测器组，组长钱三强；第五组：理论组，组长彭桓武；第六组，宇宙线组，组长王淦昌；第七组：放化组，组长杨承宗。12 月，为保证第一个五年计划的实施，近代物理研究所对研究机构作了调整，建立四个大组。一组为实验核物理组，组长赵忠尧，副组长杨澄中、何泽慧。下设四个小组，即：加速器组、探测器组、电子学组、核乳胶和云室组。二组为放射化学组，组长杨承宗，副组长郭挺璋。三组为宇宙线组，组长王淦昌，副组长肖健。四组为理论组，组长彭桓武。

[④] 杨承宗（1911-2011），出生于江苏省吴江县。我国放射化学奠基人。1932 年毕业于上海大同大学，1934-1946 年，在北平研究院镭学研究所从事放射化学研究工作，1946 年在法国国立科学研究中心居里实验室作研究生。1951 年获巴黎大学理学博士学位。1951 年秋回国，任中科院近代物理研究所放射化学研究室和放射性同位素应用研究室主任。杨承宗长期从事放射化学方面的研究与教学工作，从事放射化学及其测量的研究。后来他从事铀的化学纯化和分析制备、天然放射性元素及人工放射性同位素的分析制备、放射性活化分析、辐射化学以及放射性同位素应用等众多的学科研究。杨承宗在天然放射性元素的分离、分析方法及其应用方面有许多重要论著。

事业的发展，放下自己热爱的理论化学工作，根据所工作需要主动承担了指导重水和高纯石墨的研制任务。

胡仁宇[①]同忆说：

王方定是1953年分配到近代物理研究所工作，我比他早毕业一年，早分配来所工作一年，所以他分配来我就认识他，我在实验物理组，他在化学组。我那时候是团员，他是党员，是我们团支部书记，我们在一起活动认识了。[②]

1953年9月，近代物理所参加科研工作的共产党员组成了科学院东区支部下的一个小组，唐孝威[③]担任组长。党小组的组织生活使大家相互间有了较多的接触和了解。王方定和唐孝威的友谊也从此开始了。

当时，聚集所内的这批曾接受过严格科学训练的科学家，很注意发扬学术民主，尊重职工的创造精神，率先认真学习新知识。当时，为了更好地向苏联学习，由邓稼先[④]到北京大学俄语速成班学习一个月后回来任教，在1953年12月组织了全所性的为期一个月的俄语短训班。不论科学家还是青年科技工作者，大家都从俄语字母开始，突击语法和积累词汇。邓稼先要求他们学完后就能凭着字典看专业书籍。他编了一些俄文顺口溜使包括王方定在内的学员很快就记住了俄语中复杂的名词变格规律。他还随时

---

① 胡仁宇（1931-），浙江江山人，生于上海。物理学家。1952年毕业于清华大学物理系。1956-1958年为苏联门捷列夫物理研究所研究生。1991年当选为中国科学院学部委员（院士）。一直从事实验核物理、等离子体物理、加速器、反应堆物理的研究，在核参数测量方面取得成功，为我国核工业的发展作出了贡献。

② 胡仁宇访谈，2014年9月11日，绵阳。资料存于采集工程数据库。

③ 唐孝威（1931-），江苏无锡人。原子核物理及高能物理学家，中国科学院院士。1952年毕业于清华大学物理系。主要从事原子核物理、高能实验物理、物理学与其他学科的交叉领域等方面的研究并取得多项重要成果。1980年当选为中国科学院学部委员（院士）。

④ 邓稼先（1924-1986），安徽怀宁人。著名核物理学家，中国核武器研制工作的开拓者和奠基者。1941年考入西南联合大学物理系，1948-1950年，在美国普渡大学获得物理学博士学位，毕业当年毅然回国。邓稼先是中国核武器研制与发展的主要组织者、领导者，始终工作在中国核武器制造的第一线，领导学者和技术人员成功地设计了中国原子弹和氢弹，把中国国防自卫武器引领到了世界先进水平。1980年，当选为中国科学院学部委员（院士）。

用口头语帮助学员们记忆。这一个月的俄语学习生活十分紧张。每天都上俄语课、背俄语单词和考试。王方定自幼便对学习语言感兴趣，他不仅学会了上海话、南京话、重庆话、四川自贡话、普通话，而且英语也学得不错。他学习俄语，不仅跟上了全班的步伐，考试还经常得满分。

王方定回忆说：

> 那时候突击俄语特别的风行，而且专门为这个出了俄语的专业的突击用书，一个月突击完，因为那时候俄文的东西是 1952 年开始进来，看不懂就开始突击，突击一个月。这一个月里面什么都不干，成天念这个背这个。邓稼先教俄语。一个月邓稼先只讲语法，讲很多语法。他把俄语的语法讲得很细，以后你要用的时候可以查语法，俄语的发音比英文好发，它基本上一看就能够读出来。然后再读一些和业务有关的文章，就这样一个月里面背单词，背几千个单词。那个时候我年轻，二十几岁，这样基本上有了一定的基础。而且那个时候大家对英文都还有一定的基础，都不是没学过外语的，学起来还快。我记得一直到 80 年代，我发现我分析俄语句子比从苏联回来的留学生分析得好。有一个地方是短尾词用词，短尾他就不知道，他说你怎么就知道，俄文这么好，怎么不派你去留学呀。[①]

1955 年，物理所里请五位哈尔滨俄专毕业生做老师，组织全所人学习俄语。全所有七八十人，分五个班，一个班有十几个人，放射化学组十来个人是一个班。由于王方定参加过俄语突击班，对语法并不陌生，所以这次俄语学习压力不大。老师每天上午上两小时课，课上用俄语问答。王方定有了俄语学习基础，对词汇的理解加深了，也有助于阅读专业书籍。

在近代物理研究所创建过程中，十分重视对青年科技人员的培养。当时，聚集所内的这批曾接受过严格科学训练的科学家，对青年科技人员不仅从基础理论到实验技术方面手把手地教，强调基本功的训练和科研作风

---

① 王方定口述访谈，2014 年 6 月 11 日，北京。资料存于采集工程数据库。

的培养。

1953 年 9 月，13 位新入职的大学毕业生被送到北京大学物理系旁听四年级的《原子物理学》，主讲褚圣麟[1]。褚先生讲课清晰生动，王方定学习收获很大。期末这些旁听生和物理系大四学生一起参加褚先生主持的口试，旁听生绝大多数都得 5 分。5 年后，王方定被调往九局工作。每当他接受核爆炸试验任务前，听取理论部同志作任务交底时、制定测试方案时、核爆炸试验完成后总结讨论试验结果时，都会想起他们三位给自己的业务基础教育，使王方定对一些问题的理解或想法更加深刻。

1954 年，物理所从东黄城根搬到中关村物理楼[2]。这时，王方定旁听苏联专家费多洛夫在北京大学教授的《稀有元素化学》。老师逐个元素讲解，内容不深。王方定感觉收获不大。

1954—1955 年，王方定在物理所内也参加了专业知识学习，杨承宗讲授的《放射化学》是王方定受到的放射化学的启蒙教育。杨先生主要讲放射性的衰变规律、天然放射性系列、天然放射性元素的性质、放射性矿石的处理等。因为没有教材，王方定只能认真记笔记。他除了上课，主要还做铀矿石化学分析。全所青午都听取了赵忠尧[3]讲的《原子核物理》。王方定学了大概两年时间。

---

[1] 褚圣麟（1905-2002），物理学家、教育家。从事高等院校物理学教育事业 50 余年，对我国物理学人才的培养、物理科学知识的普及和发展，对北京大学物理系的建设和发展都做出了重要贡献。长期坚持科学研究，其研究领域涉及离子分析、宇宙线和粒子物理、X 射线晶体结构、大气电现象以及磁学等多个方面。是我国最早立足国内开展宇宙线实践研究的先驱者之一。

[2] 1950 年 5 月，中国科学院确定研究所组建方案后，有些南方的研究所需迁进北京，在京各研究所也要扩充实验室和办公室。8 月 24 日，科学院决定由钱三强先行了解情况。经勘察比较，确定以北京近郊中关村一带为新的院址。1951 年 11 月初正式动工，1953 年底竣工。1954 年初，钱三强所长率领全所从东黄城根迁至中关村。当时由于院名为中国科学院物理所，故该楼被称为"中关村物理楼"。

[3] 赵忠尧（1902-1998），浙江诸暨人。核物理学家，中国核物理研究和加速器建造事业的开拓者，中国原子核物理、中子物理、加速器和宇宙线研究的开拓者和奠基人之一。1920 年考入南京高等师范学校（南京大学前身），1930 年获美国加州理工学院博士学位，1948 年当选为"中央研究院"院士，1949 年在美国加州理工学院进行原子核反应研究，1955 年 6 月当选为中国科学院院士。他主要从事核物理研究，主持建成中国第一、第二台质子静电加速器，为在国内建立核物理实验基地作出了重要贡献。他首次发现了正电子的存在，是人类物理学史上第一个发现反物质的科学家。他的研究成果为研制正负电子对撞机提供了理论基础。

实际上王方定听这些课程都是学习专业基础，正是因为学习了这些知识，在后来他作为组长学习原子弹的设计模型时，才能够听得懂。如果他听不懂，回去后就无法向同事交代工作。

总体来说，1953—1955年的业务学习，一方面为王方定以后的科研工作打下了扎实的专业基础。通过学习，他不仅增加了很多专业知识，而且工作、生活在一个多学科的研究所，大大开阔了他的眼界。另一方面在钱三强夫妇等老一辈科学家的带领下，培养了王方定的科研态度和精神。

王方定在《中国科学院工作人员一九五三年年终鉴定表》[①]中总结1953年参加工作半年来的情况，写道：

> 学习上对业务知识有许多了解和收获。如对放射性元素的了解，原子物理学习明确了今后工作的内容和目的。俄文突击的完成和巩固，由不识大字到能做翻译工作。工作上从记事工作中培养了对工作的热爱和兴趣。初步知道了工作方法和应如何进行工作，为1954年的工作打下了一些必要的基础。优点是工作中尚踏实，肯虚心学习，向同志学习工作方法。初步总结并改进工作方法。缺点是工作杂乱，缺乏计划性和系统，学习上主动性不够。表现在学原子物理和俄文上，因有督促，所以时间抓得较紧，学得较有收获。而分析化学和放射化学等虽然是工作上要求的，但因自己学习不主动就放松了。

核燃料铀研究

铀是重要的战略物资，当时不可能从国外获得，必须自己占有足够的本土资源并掌握从中提取铀的技术才能得到。因此，工作的第一步就是了解我国铀矿资源的情况。

---

① 中国科学院工作人员一九五三年年终鉴定表。档案，1953年。资料存于采集工程数据库。

1953—1956 年，王方定被分配做铀矿石分析工作。

1954 年，王方定开展了国产 1 号铀矿石的分析研究，分析对象是一种属于钽铌酸盐型很难溶解的矿石。在一次次分析、实验中，失败激发他继续探索，遇到问题时，就查找文献，实在查不到可借鉴的方法时，就调整工作方案，自制实验设备，重新再做实验。这样坚持不懈地工作，终于取得了理想的结果。国产 1 号铀矿石分析工作解决了矿石极难全溶的问题。

1955 年，在我国某地区又发现了铀矿。不久，王方定接收了一批上吨的铀矿石（国产 2 号铀矿）。这是一种富铀矿，矿石的外观鲜艳、美丽，黄褐相间中还能见到一些绿色，这是一种磷酸盐型的矿石，不仅外观漂亮，还很容易溶解。当国产 2 号铀矿石运到后，杨承宗先生把王方定他们几个做铀工作的年轻人找到一起，叫他们各自提出分析这个矿石的方案。王方定已经积累了一些工作经验，当杨承宗组织大家讨论铀矿石分析方案时，他并没有急急按照以前的经验提出意见，而是先查文献，对比几种不同方法，提出了利用分部分析的方法。杨承宗采纳了他的方案，分析工作进行得很顺利。在实际研究工作中，杨先生注意发挥王方定的积极性和主动性，放手让年轻人制订计划、调研文献、进行实验、总结工作。杨先生则随时监督检查，提出意见，使王方定很快掌握了所从事的专业知识和科学研究工作方法，有了独立工作的能力。王方定的实验记录本上经常有杨先生批注的修改意见。王方定说：

> 我们做实验的时候，杨先生就在后面看，看了以后他要说你，做得这么细的人。他来看谁就说明谁在实验室里头是有两下子的，不然他才不来看你。在实验技术上面，我从他那里学习到一些东西。我记得从他那里学习了怎么洗烧瓶。洗烧瓶时，咣当咣当在里头晃荡，里面总是有水珠，杨先生就告诉我怎么洗，果然洗得很好。1979 年，我还告诉同事平佩贞怎么洗烧瓶。所以杨先生在实验手法上面，技巧上面，对我有帮助。杨先生要看实验记录，检查你记录得怎么样，哪些地方记得对，哪些地方记得不对，哪些地方计算得有错误。这个知识

我也学到了，后来在做中子源的时候，我对小组成员的实验记录都写意见，那都是跟杨先生学来的。最后写工作报告，老科学家改得很认真，我觉得整个科学的这一套基本的本钱，就在这 5 年里（1953—1958）通过实验锻炼出来了。[1]

把矿石溶解后，他们又对铀矿石进行了全面分析。钱三强[2]所长特别关注矿石里面成分怎么样，要知道里面其他主要含量各占多少。这个时候遇到一个大困难是铀总是定不准。有的人用电位滴定，有的人对数据，他们做的时间比较长。最后氧化还原滴定得到了稳定的结果。2 号铀矿石含铀的品位比较高，通过对国产 2 号铀矿石分析，解决了定量还原成四价铀的问题，获得了稳定的结果。

通过对两种矿石的分析，国产磷酸盐型铀矿石被认为含铀品位高，处理简便，有开采前途。1956 年科学院曾经评过科学奖。在郭挺璋先生鼓励的鼓励下，王方定他们将矿石分析工作报了奖，并得到了 500 元奖金。

通过参加两种国产铀矿石的分析，对王方定来说也是一次科学研究工作方法的学习过程。年底制定下一年的工作计划；提出器材采购计划；实验中遇到问题要查文献、选择改变工作方案；学习新方法新技术开展实验。

实验工作的初步成功，增强了王方定做好工作的信心，明白了只有培养起对研究对象的兴趣和责任心，才能在工作中坚持不懈地克服困难，不浅尝辄止，半途而废，直到取得最终成果。这些收获都为后来不断接受新任务、完成新任务打下了思想基础。

1956—1958 年，王方定和他的同事们进行了从国产铀矿石中提取铀的工作，主要为确定了磷酸三丁酯提取铀的工艺和制定了小规模提取铀的设备并进行萃取实验

---

① 王方定访谈，2014 年 6 月 18 日，北京。资料存于采集工程数据库。

② 钱三强（1913-1992），浙江湖州人。核物理学家，中国原子能科学事业的创始人，中国发展核武器的组织协调者和总设计师，中国"两弹一星"元勋，中国科学院院士。1936 年，毕业于清华大学。1940 年，获法国国家博士学位。1948 年回国。早年从事原子核物理研究，在"核裂变"方面成绩突出，并且是许多交叉学科和横断性学科的倡导者。

有了这么多的铀矿石，从矿石里中分离提取铀的工作就提上了日程。王方定和同事们最初制订的方案是放大矿石分析中的分离步骤：酸溶解——碱性介质再溶解——酸性介质中沉淀出成品铀。在杨承宗亲自参与下，他们在新建的化学小楼里开辟出两间实验室，订购了破碎机、球磨机、离心机等设备，准备建立一个像样的化工实验室。1956年，苏联原子能科学代表团来华访问。王方定和同志们听了代表团介绍第一次国际日内瓦和平利用原子能大会的报告，阅读了他们带来的这次大会的文献报告册，受到启发，那就是工业上可以采用溶剂萃取法提取铀。于是，他们把原来制定的沉淀提取方案改为用磷酸三丁酯萃取。当时市场上没有现成的磷酸三丁酯，只能从合成它着手。王方定在化学小楼里合成了磷酸三丁酯，接着，又做了在煤油稀释下萃取铀的探索性实验，并且成功地反萃取到水相。溶剂萃取实验的成功，更增加了他们克服困难、做好工作的信心和勇气。

新中国成立初期，物资供应匮乏，这使王方定在科学实验工作中遇到了诸多困难。他和同志们不仅用上了自己的聪明和智慧，同时还以强度很大的体力劳动来付诸实践，条件不具备，就因陋就简，积极想办法开展工作。王方定小组除设置了粗碎机，球磨机外，自己设计了过筛机，解决了矿石粉碎，筛分问题。设计制成了筛板脉冲柱（包括萃取、清洗、反萃、溶剂洗涤四柱），并联成系统；设计制成了往复脉冲泵，解决了活塞的腐蚀和密封问题。利用上述设备进行连续提铀实验。

他们建立的小型提取铀的设备，确定的工艺流程，用于处理国产矿石，提取率达到99%。

1957年前后，科学院化学所刘静宜[1]来原子能所兼管王方定他们的工作。成立十室后，她是室领导小组副组长。王方定在刘静宜指导下研究了重要铀化合物——重铀酸盐和碳酸铀酰在不同介质中的制备、络合物组成和性质。

---

[1] 刘静宜（1925- ），出生于江苏苏州。无机化学和环境化学家。1946年，上海圣约翰大学化学系毕业，1951年6月美国伊利诺伊州立大学化学系获博士学位。从事络合物化学、燃料化学、原子能化学工作多年。她还在原子能化学和环境科学方面做了大量的组织工作，对中国原子能化学事业的发展和环境化学的开拓作出了贡献，也培养了环境化学方面的人才。

经过了两年的基础学习，钱三强先生让他们逐渐从理论转到实验阶段，在实验室里跟着老前辈做实验、研究课题。前辈们那种对科学的痴迷和严谨、踏实、认真的科研精神对他影响至今。那个时候，老科学家们为他们修改报告，一个字一个字改。"文化大革命"后王方定再回原子能院，也开始带研究生，他就把前辈们这种全心全意的科研精神又传递给了他的学生。

政治运动的影响

1953 年，学完俄语速成班以后，王方定参加了全所组织的党在过渡时期总路线的学习。王方定在总结 1953 年入职半年的政治学习时说，政治学习从现象上看尚好，如抓紧时间学习，做笔记，也考虑一些问题等，但总感觉思想上不够重视，如有空首先就想到学业务等。再这样下去会使工作和学习失去动力。今后应该特别引起思想上的重视。社会活动愿意积极参加，但实际做的工作很少 [1]。

1955 年"肃反"运动开始。王方定被派外出调查一些工作人员的历史情况，整理档案材料，外出调查了解情况。他先后去了西安、太原、天津、河北等地外调，新中国成立前大学毕业参加工作的同志是被调查对象。一段辛苦奔波的外调，以没有收集到什么问题而告一段落。这一次运动，王方定除了再一次受到了一次深刻的阶级教育，还进一步批判了单纯技术观点对他思想上的影响。

1958 年冬天，全国范围开始大炼钢铁。原子能所 [2] 自然必须参加。王方定被派去参加炼钢小组，便加入到全国大炼钢铁的洪流中去。炼钢坩埚设在路边，用测空气剂量用的吸尘器做鼓风机，把废铁放在坩埚里熔融成

---

[1]　中国科学院工作人员一九五三年年终鉴定表。档案，1953 年。资料存于采集工程数据库。

[2]　1958 年 7 月 1 日，中国科学院物理研究所改名为"中国科学院原子能研究所"，实行部、院双重领导，以部为主。

了块。没过几天王方定便申请回到组里工作。

1959 年，掀起了超声波风。原子能所提供铝管，号召大家做各种超声波实验。一头砸扁、另一头连上压缩空气的铝管就成了超声波发生器。但是，王方定小组的实验室都是放射性物质，谁都不敢吹。

与王方定共事的崔保顺回忆说：

> 王方定科学精神确实挺好。比方 1958 年大跃进搞超声波，就是空气压缩机。弄一个橡皮管子，然后把一个铁管弄扁了，然后吹放射性，一吹到处都是，很危险，601 厂[①]当时好多单位就这么干，可是唯有我们没有，王方定坚决不吹，所以他这个科学精神确实挺好，有好多单位就在走廊吹放射性。当时王方定的压力很大，不搞超声波绝对不行。所以我们当时就搞玻璃管做化学实验，加热，吹点空气，这没关系，不直接吹放射性物质。王方定同志业务水平确实比较高。[②]

幸福新生活

查子秀[③]是原金陵女大医预科的学生，一年后转到教育系。她读书时也曾参加了许多社会工作，毕业后留校做过党的工作。1956 年整风运动前王方定与查子秀相识。经过两年多的互相了解，1959 年春节前，王方定乘京沪列车前往南京与查子秀完婚。他们办完手续第二天举行了朴素的结婚仪式。因工作需要，半个月后王方定返回北京。1960 年，查子秀被调至中

---

① 由于原子能事业发展需要特殊条件，中央决定另建新的科研基地。1955 年 10 月，经中央批准，选定在北京西南远郊坨里地区兴建一座原子能科学研究新基地（代号为"六〇一厂"，1959 年改称为"四〇一所"）。

② 崔保顺访谈，2014 年 9 月 10 日，绵阳。资料存于采集工程数据库。

③ 查子秀，王方定的妻子。中国科学院心理研究所研究员，1952 年毕业于南京金陵大学，曾任中国科学院心理研究所发展心理研究室主任，超常儿童研究中心主任。

科院心理所工作。

　　虽然生活简朴，物资匮乏，但一家人相处和睦。1963 年 3 月 9 日，王方定的儿子王卫宁出生了，正值中苏论战，王方定为他的儿子起名字王卫宁，寓意：保卫列宁主义。1964 年 5 月 19 日，王方定的女儿王学宁出生，王方定又为她起名学宁，寓意学习列宁主义。

第四章
核武器研制的放射化学工作

裂变产物分析工作

我国计划研制原子弹是在第一个五年计划期间，当时的国际形势对刚成立的新中国十分严峻。1954年毛主席说，我们有丰富的矿物资源，我们国家也要发展原子能。1955年，钱三强和地质学家李四光向中央书记处汇报了我国的有关情况，毛泽东、周恩来、朱德、刘少奇、邓小平等中央领导同志听了汇报，研究了我国发展原子能的问题，作出了中国要发展原子能的决策。

早在20世纪50年代，当苏联表示愿意在核能和平利用的研究方面给予中国以科学、技术和工业的援助时，我国就积极争取了这种援助。1955—1958年，中苏在铀矿普查勘探和核物理研究方、建设原子能工业、开展核武器研制等方面签订了一系列援助协定。1958年9月29日，苏联代表团来北京与中国签订了关于1956年8月17日协定的补充协定，对每个项目的规模都有明确具体的规定，对项目设计完成期限和设备供应期限也都有大致的规定。

在这样的背景下，1958年1月，我国成立了负责组织核武器研制的二机部武器研制局（简称"九局"），李觉[①]任局长，负责组织核武器的研制工作。7月13日，二机部党组决定成立北京核武器研究所，即第九研究所（简称"九所"），任务是接收和消化苏联提供的有关原子弹的技术资料以及调集培训技术人员。为了尽快开展工作，九局从全国有关单位调集科学技术人员，派到对口的科研生产单位开展工作或接受培训。由于当时九所不具备核物理、放射化学的实验条件，一部分人员被送往兄弟单位学习培训。1958—1963年，被调到九局的放射化学技术骨干和分配到九局的放射化学专业应届大学毕业生，全部到401所[②]实习。胡仁宇、王方定两位年轻技术骨干带领十几位刚从大学毕业分配来所的核物理、放射化学等专业的人员，以原子能所为家，进行培训和参加科研工作。

傅依备院士回忆说：

1960年初从苏联回国后到清华大学工作，直到1963年，我突然接到中央组织部将我调到九院的调令，到了九院后，我才知道王方定也在那里，他大概是1958年就到九院了，而且我们在三室的一个研究组，三室主任是朱光亚[③]，副主任胡仁宇和赖祖武。因为那时我们没有实验室，而且办公室也没有，所以我们好多工作只能利用401的条件，所以九院很多人在401的物理、电子、化学的各个室上班。上班有时候我们是单独做自己的题目，有时是做跟他们合作的题目。我们那个组叫六组，当时，我觉得王方定就是组长了，我去了以后，就是副组

---

① 李觉（1914-2010），山东沂水人。中国大学肄业。1937年参加中国工农红军，同年加入中国共产党，参加了平汉、渡江等战役。新中国成立后，历任军参谋长，西藏军区参谋长、副司令员，第二机械工业部局长、副部长，核工业部顾问。1955年被授予少将军衔，1957年8月调入二机部工作，任二机部九局局长。1957年担任核研制基地司令员，参与了踏勘选址、基础建设、科学试验、实弹总装，一直把原子弹送上铁塔。参加了首次核试验工作，是中共首次核试验委员会11位常委之一。

② 1959年后二机部内定中国科学院原子能研究所代号为"401所"。

③ 朱光亚（1924-2011），湖北武汉人。核物理学家，中国科学院院士，"两弹一星"功勋奖章获得者。1941年考入国立中央大学（南京大学）物理系，1942年夏转入西南联合大学物理系，1945年毕业。获美国密歇根大学物理学博士学位后于1950年春回国参加工作。朱光亚是新中国核事业，特别是"两弹"事业的元勋和主要科学技术领导人之一，是中国科技事业特别是国防科技战线的一位卓越的科学家。

长，还有一个北大调来的徐鸿桂也是我们这个组的副组长，所以我们组里面就三个负责人。[1]

1958 年 8 月，王方定从莫斯科参加和平利用原子能国际青年讨论会后回到北京中关村时，组里已分出 10 人组建成第十研究室，由中关村搬到坨里（内部称：二部），刘允斌[2]同志担任研究室代主任，承担核燃料后处理研究[3]任务。十室分三个组，一个组是做核燃料，一个组是做化学分析，一个组是铀化学工艺小组，就是王方定小组。作裂变产物分析。三组成员一部分是从九局派过来的，一部分人是二部分来的几个大学生，郭景儒[4]就是这个时候分进来的。原来在二部工作过的人就只有王方定一个人。当时全组共 10 人，都是年轻人。组长王方定是 1953 年大学毕业生，其余九人有的是 1956 年以后毕业的大学生，有的是中技生和初、高中生。这个组的工作包括九局的工作和公安部的工作两部分内容，因此，王方定所在的三组又可分两个部分，一部分是九局的人，跟二部的人在一起工作；另一部分就是公安部的人，二部也分了刘玉杰加入进去。刘允斌凡是有任何保密任务都交给王方定做，所以王方定做的事室里都没人知道。

郭景儒回忆说：

我于 1957 年大学毕业，到农村改造思想劳动一年后，1958 年分到十室三组正式参加研究工作，组长就是王方定。王方定比我大 7 岁，当时他是 30 岁，我是 23 岁，他已经有 5 年的工作经验了。我毕业大四那年正赶上"反右"，毕业论文都没做，也没有毕业考试，

---

① 傅依备访谈，2014 年 9 月 11 日，绵阳。资料存于采集工程数据库。

② 刘允斌（1924-1967），生于江西省萍乡市。核化学专家。1939 年进入莫斯科莫尼诺国际儿童院学习，1946 年考入莫斯科大学化学系，学习核放射化学专业，1957 年 10 月回国。在第二机械工业部所属中国原子能研究所工作，为中国的核能研究、核工业的起步奉献了智慧与辛劳。

③ 核燃料后处理工艺技术的任务是把反应堆辐照过的乏燃料用化学方法溶解，再将得到的含有铀、钚和裂变产物的溶液用水法流程或干法流程，提取钚-239 和回收铀堆后料，并去除裂变产物。

④ 郭景儒（1935-），河北省正定县人。中国原子能科学研究院研究员。1957 年毕业于北京大学化学系。研究领域为裂变化学和放射分析化学。

所以大学生的最后一个环节即毕业论文的环节没有得到锻炼。没有做科学研究写毕业论文的训练。这个环节其实挺重要，尽管只有半个学期，但是毕竟是做研究工作，等于是从学生到做研究的过渡。王方定是党员，我们是团员，当时我们都对党员很崇拜。无论是从他的学术水平，还是从政治上的成熟程度，都要比我们高一截，所以对他很尊敬。①

王方定不仅读过第一次日内瓦会议文献，也校阅过中译本的《核燃料化学》，对工业上用萃取法处理核燃料的前段和后段工艺的报道非常感兴趣，所以他从莫斯科回来连忙去找刘允斌问给他分配什么工作。刘允斌笑着说："你的任务等钱所长亲自跟你谈"。不久，钱三强告诉王方定党委研究决定派他参加原子弹的研制，并详细耐心地说明调动的原因以及今后的工作内容。王方定毫不犹豫，当即表示坚决服从组织分配。钱三强说："我估计你是不会有问题的……现在可以先做核裂变产物的分离、分析和产额测定，争取能拿出中国人做的质量—产额分布曲线。"钱三强还非常具体地告诉王方定怎样到部大楼去找人。王方定从这次谈话中感到了钱三强对快速发展的我国核科学事业的关心、迫切心情和对青年的信任。钱三强要求王方定承担这项工作后，要做出中国的第一；今后二部要尽全力支持这项工作；王方定在工作中有什么困难随时可以找他；在人员调动上党委已经同意，除了王方定还有几位同志也将从苏联回来到九局工作；九局的大学生来到二部培养、考验。这次谈话给了王方定很大的鼓励，使他在参加这项工作一开始，就下定了克服一切困难的决心。

王方定拿着钱先生的介绍信去二机部干部处报道，就算是九所的在册人员了。

那时，九所还处于组建时期，实验核物理和放射化学的人员和工作都以实习的名义放在原子能所，用原子能的条件做九局的工作。王方定继续担任 401 所十室三组组长，该组从事裂变产物分析。最初只有王方定是九

---

① 郭景儒访谈，2014 年 5 月 9 日，北京。资料存于采集工程数据库。

局的在册人员，室里把当时属于绝密的项目都放在这个组。研究室刚成立，人手很少，分配来的几位 57 届大学毕业生——郭景儒、崔凤吉、刘玉杰被分到组里。后来又将中专毕业生胡敦瑜分到组里。不久 58 届大学毕业生分配到了九局，化学专业的崔保顺、胡泽春、赵鹏骥、杨时礼、李兴有、金树珊、丁振海、杨光玉等同志先后来到组里"实习"。但为了保密，名义上仍然是 401 的人。

胡仁宇院士回忆说：

1958 年 8 月，我在苏联读研究生回国度假，钱三强先生让我回苏联前找他，大概回去前两天票买好了，我去找他，他说我不要去苏联了，因为他告诉我从原子能所调过来 4 个人，包括邓稼先、王方定、我，把编制调到二部，实际上是把我调到九局工作。那时邓稼先已经到九局报到了，王方定在国外出差，等他回来再来。我到九院报到的时候，没有中子物理和放射化学的实验室，到 1959 年初，组建队伍的时候九局的中子物理和放射化学工作，由我和王方定两个人负责，把新分配来的大学生带到 401 所去，借助那里的条件，一部分化学实验就在十室刘允斌领导下，中子物理就在二室何泽慧先生领导下工作。这样，我和王方定那个时候一起在 401 所工作。因为我们原本来就是 401 所的人，所以对那里比较熟悉，我们共同负责，有事一块商量，共同组织。[①]

这样，1958—1963 年的五年中，被调动到九所的放射化学技术骨干和分配到九所的放射化学专业应届大学毕业生，全部到 401 所实习，就连一位准备做放化专业翻译的俄语译员也一起来了，九所开始有了自己的班底。

王方定来到九所后首先在邓稼先同志领导下采购图书，建立九所的图书馆。王方定负责选购化学类的期刊和书籍，到后来王方定也订购了一些实验物品。

---

① 胡仁宇访谈，2014 年 9 月 11 日，绵阳。资料存于采集工程数据库。

室领导刘允斌、彭素仁都十分关心这个组的工作，他们从不把这个组当作外单位看待，无论在人力还是物力上都主动予以支援。虽然苏联曾答应要在 1958 年 11 月向中国提供原子弹教学模型和图纸资料，但却一直找种种借口，迟迟不交货。王方定小组为了尽可能做接近核爆炸的工作，刘允斌便安排做核爆炸监测侦察。

核侦察是原子能所魏启慧、徐颖璞已经开展起来的项目，目的是监测全国范围内大气放射性的涨落、分布情况。具体来说就是通过分析来自全国各地收集点的大气沉降样品，必要时还组织空中测量，推断世界范围内发生的核爆炸时间、地点、核爆炸类型及对我国的影响。1958 年，美国在太平洋上的埃尼威托克岛和比基尼岛进行了 30 多次大气层核爆炸试验。爆炸灰弥漫、污染亚洲和太平洋。刘允斌安排王方定向国防科委汇报了严峻情况后，我国立即组织科研队伍，对爆炸产物进行收集、测量。刚从苏联回国休假的唐孝威也放弃了休息，和王方定他们一同参加了这个小组。在空军支持下，由从事电子学、物理、化学专业的五人小组进行空中取样测量。他们在北京西郊机场一起将测量、收集用的多道 γ 谱仪和 $\alpha-\beta$ 比较仪安装在空军的一架飞机上，在舷窗上装有空气微粒取样器。他们从北京起飞，途经徐州、南京、长沙，直到福建沿海，沿途收集样品测量。经过地面和空中的监测，魏启慧写了一份题为《美国在太平洋地区的核爆炸试验对我国东南沿海造成的放射性污染》的报告。苏联对这些资料也很关心，要求他们尽快把所掌握的数据提供给他们。原子能所党委第一书记郑林让王方定尽快回去组织事整理数据工作。后来由魏启慧等整理了一份资料送到苏联大使馆。

这次成功的航测核侦察使王方定和同事们接触到了核试验的有关信息，同时，为国家提供了核监测数据，受到上级的肯定和赞扬。王方定参与开展的核爆炸的侦察工作，对于他以后从事核诊断研究大有益处。

王方定还和公安部的同志一起进行了放射化学在公安工作中应用的研究，运用放射化学技术开展侦破案件的研究工作取得了一定成果。现在，他回忆起来，有两件事印象很深。

第一件事：王方定被告知有一些外国记者偷偷地拍摄了我国的东西，

但又不知道他们是否拍过照，因此不好办理。后来王方定会同其他同事就做了一个大的 γ 源，在可疑记者过关时，将他的照相机用 γ 源照射后再还给他，令胶卷曝光。

第二件事：纺织工业部的一个人冒充周总理的签名，到人民银行调了 7 万元人民币带回家了。当时上级要求侦察此事，所以把信封带到物理所让王方定他们研究。因为使用国务院的信封时，要把原来的信息刮掉才可以冒用，王方定与同位素所合作，用放射性吸附的办法看看被刮掉的是什么字。这样就知道了是国务院写给纺织工业部的信，后来就去纺织工业部查。纺织工业部有人反映说，有一个人上班的时候就喜欢模仿周总理写字，于是就把他给抓起来了，最后他把钱拿出来了。原来他把钱拿回家后又不敢花，天天在家里的炉子里烧，因此邻居报警。公安部因不知道王方定是九所的人，以为可以从 401 所将王方定调到公安部去工作。

不久，全国大气放射性沉降物的分析工作和空中收集及监测仪器移交给有关单位后，王方定小组开始做铀 -235 热中子诱发裂变产物的分离、分析工作。

空中侦察任务移交给有关部门后，他们把力量集中在即将接受的苏联提供有关原子弹技术资料的准备工作上。室主任刘允斌让他们按照钱三强副部长安排的"先做重核裂变产物的分离、分析和产额测定，争取拿出中国人做的质量——产额分布曲线"开展工作。1958 年 10 月开始，王方定和同事们选定几个裂变产物核素，分工建立化学分离、分析流程和射线测量装置。室里把实验大楼（12 号楼）的三间实验室分给他们作为办公室、化学实验室和物理测量室。王方定和胡仁宇都是九所的职工。当他们想要尽快辐照一点天然铀做实验时，刘允斌同志建议王方定联系胡仁宇，请胡仁宇往他们工作的反应堆管道里塞进去一点样品就是最迅速的办法。在这以前，王方定做过几年天然铀的实验，在当时没有更好的处理放射性物质的情况下，只得以处理天然铀的条件来做辐照过的氧化铀。1958 年，101 堆（我国第一座核反应堆）刚开堆，胡仁宇就在 101 堆工作。王方定用纸将八氧化三铀（U_3O_8）包几层，拿给胡仁宇在 101 堆的水平管道辐照。辐照后，王方定从 101 反应堆大楼的窗口徒手接过胡仁宇递出的辐照过的氧化铀回到他们的化学实验室后，用 ТИСС 剂量计测量，王方定才发现剂量很大，以后再也不敢这样辐照样品了。这一点郭景儒记忆犹新，他说那一次就是他们第一次照射，胆子很大。

这件事据郭景儒回忆说：

> 最初做钱三强交给他的工作，就是做裂变产物的质量分布。王方定也没做过，他就是做过一些铀矿石的分析，铀矿石中铀的萃取法提取。我们一起去找，去访问，请教肖伦[①] 先生。肖先生给我们介绍了一些情况。做裂变产物要在反应堆里辐照样品，刘允斌说：胡仁宇不是你们九院的吗，让他照个样品给你们做。我们就用纸包了一点八氧化三铀拿到堆里照，在水平管道照完以后胡仁宇从窗户递过来，然后，王方定拿到实验室，我在实验室准备溶解。溶解了以后，走廊里放着苏联进口的剂量仪表一测，指针就满刻度。我拿着，王方定说往后退远一点，还超刻度，再往后退一直退到走廊边上了还超刻度。那个剂量还是蛮大的，像我们要做的这些核素都是几十个小时的，应该至少放几天。当时不懂，所以像这样一边做一边看书，逐渐地从懂一点到懂得多一些。我也不知道科研工作怎么做。我还像在大学里面做实验，做完后就下班了。后来我观察我的实验台上的东西乱七八糟，没有规律，王方定的实验台井井有条。所以就偷偷地学，他怎么弄我尽量按照他那样做。虽然没有正式说王方定是老师，但是至少也算科研上的半个老师。因为他在当时已经有了五年的工作经验，我是零，所以从一开始我就向他学习科研工作、实验工作的方法，所以一开始

---

① 肖伦（1911-2000），四川郫县人。中国核化学家和放射化学家，放射性同位素事业的开拓者，美国纽约科学院院士。1939 年清华大学化学系毕业，1951 年获美国伊利诺大学博士学位，1980 年当选为中国科学院学部委员（院士）。在美国攻读博士学位期间，发现了钽-183、钽-185 和钨 185m 新核素。在美国石油能研究所从事表面化学研究期间，发现了聚氧乙烯非离子型表面活性剂在溶液中荷正电的现象。1956 年在中国北京大学开设了放射化学课。在中国发展原子能事业中，指导了特种军用放射源和氢弹原料氚的研制和民用放射性同位素的研究、开发、生产和应用，对原子能的军、民两用均做出了重要贡献。

我把他当作学习的榜样。[1]

当时，苏联化学顾问扎卡鲁丙看见他们的实验室条件太差，禁止做放射性实验。于是，王方定他们又借用16室建在101堆旁生产放射性同位素的工棚，继续坚持实验。

王方定小组做裂变元素分离后，分离出来几个元素，于是所里就把他们的成果上报参评。王方定这个年轻组经过几个月的实践看到了自己从无到有地开展工作的力量，他们相信无论在多困难的情况下，总能找到解决问题的钥匙。由于化学小组在不长的时间里完成了相当大的工作量，形成了一个团结、向上全部由年轻人组成的集体，一个团结互助的青年集体，他们被评为先进集体。在原子能研究所积极分子事迹登记表中，这样写道："王方定政治思想好，理论学习好，思想斗争中立场稳，旗帜鲜明；关心集体协作好，民主作风好，群众关系好，在群众中威望高；干劲大，巧干多，完成任务好；在各项活动中积极参加，并起带头作用。"十室小组及全室大会的意见：王方定等代表十室第三组出席部积极分子大会[2]。1959年2月，王方定作为先进集体代表，参加了二机部在北京虎坊桥工人文化宫召开的跃进献礼积极分子代表大会，在中南海受到周恩来总理接见。

受命研制特种中子源

中子源是用来引发核炸药铀或钚的链式核反应使发生核爆炸的一个部件。一些 α 放射性物质以及周期表中的轻核元素都可以用作制备中子源的材料。

中子源于1959年开始研制，计划有三条路线：一是代号9503，研制钋铍中子源，使用化学所提取放射性钋，交给十室王方定为组长的铀化学

---

① 郭景儒访谈，2014年5月9日，北京。资料存于采集工程数据库。
② 原子能研究所积极分子事迹登记表。档案，1959年。存地同上。

工艺小组（后由十一室苏峙鑫小组负责）。二是代号9501，王方定小组为主承担化合物研制，制作出装置；六室（金属物理室）王树人等负责包装、检测，由实验工厂李仲芳等负责加工金属外壳，再由中子物理室的朱家瑄等人用中子衍射仪在反应堆上完成最终检验，确认达到设计要求。三是代号9502，即中子管路线，由十六室和十一室两个小组共同承担。

1959年3月，邓稼先、刘允斌和王方定讨论放化工作时，就提出镭－铍中子源和钋－铍中子源制造问题，确定要进行中子源的调研。因此，王方定小组把注意力放在钋–210的提取上。但是他们在坨里地区没有找到天然钋源，王方定便去中关村，与张志尧同志一起在化学小楼顶楼的空调机机房里找了一些老氡管，在实验室初步提取后拿回坨里做进一步研究。但是用这些示踪量的钋–210能做的实验实在太少。

当钱三强了解到王方定小组因为原料不足，只能做微居里量级的实验时，便把王方定到叫他的办公室，拿出大约10个盛着黑色粉末、200mL左右大小的石英磨口瓶放在会议桌上。钱三强说，这是他从法国带回来的RaD–E–F盐，保存了十几年一直舍不得用，现在给你们做原料，也是用到它最好的地方了。对钱三强所说的话，王方定深有体会。王方定自1953年开始做天然放射性物质的研究以来，从未见过这么大量的钋–210原材料。正在因缺乏原料而无计可施时，突然得到这么多东西，真是一个极大的惊喜。现在钱先生把这么多原料全给王方定做实验，可见任务的重要性。

多年前，王方定只是一个年轻的化学专业的研究实习员。钱三强并没有教王方定做事要如何雷厉风行，可是他每次在处理王方定提出的事情上都是雷厉风行，从中王方定也渐渐学到了雷厉风行做事的风格。以后有人要找王方定办事，他不仅答应，而且当场就打电话办理，王方定说这就是钱公（钱三强）的作风。

王方定小组没有现代化的放化实验室，就利用废工棚来做实验室。他们没有安全防护装置，就借用开同位素铅罐的一套设备。在工棚里，他们还要进行实验室内一些基本建设，如果要等工厂加工，从实验台到手套箱一件件排起来，从当时的情况估计，最快也得半年以上。他们一刻也不等待，尽量利用废物进行必要的改装。就这样，他们将其他研究室认为不可使用的实验台和手套箱认真地进行了清洗，搬进了工棚。缺少长袖橡皮手套，他们便把两副短手套接成一副使用。个人缺乏知识，缺乏经验，就依靠集体讨论，主动请教科学家，大胆摸索，穷干加苦干，边干边学。

1959 年春，研究室内曾经来了两位苏联专家。专家一到工棚，了解到王方定小组的工作后，不仅没有给予指导和帮助，反而提出了一系列要求：没有通风过滤装置，工棚的烟筒太矮且离反应堆太近，通风强度、地板、墙壁均不符合实验要求等，并命令他们立即停止实验。苏联专家不但命令停止了工棚的工作，而且将十室的放射性实验都停止下来。当时唯一可做的就是冷实验。

国际上政治风云的变幻，直接牵动着原子弹的研制工作。早在 1957 年 10 月 15 日，中苏签订《国防新技术协定》规定了为援助中国制造原子弹，苏联向中国提供原子弹的教学模型和图纸资料，并派专家到中国帮助研制。总的来说，1957—1958 年，协定执行得比较顺利，苏联向中国提供了几种导弹、飞机和其他军事装备的实物样品，交付了相应的技术资料，并派出有关技术专家来华指导。苏联专家在我国研制原子弹初期给予了一些有益的帮助。

1959 年 6 月之前，我国等待苏联援助研制核武器。领导也要求王方定这些科研人员要做好业务上和语言上的准备，以便能顺利地接受援助。北京九所还派了一名俄语专业人员来原子能所教俄语。只有王方定所在的小组学俄文。因为第三次学俄文的人大部分是应届的大学生，他们在学校里学过俄文。可是王方定发现，所里对他俄文的培养好像比毕业生还要更强一点。王方定工作后，先后学过三次俄文，在第三次学习俄文的人中，他的俄文比较好。

虽然协定规定苏联应向中国提供原子弹的教学模型和图纸资料，但事后苏方却以种种借口拖延不给。1959 年 6 月 20 日，苏共中央致中共中央的信到了北京。信中以苏联与美、英等西方国家国际关系及外交活动等理由，提出暂缓按协定向中国提供原子弹的教学模型和图纸资料，两年以后看形势发展再说。实际意义上是从单方面撕毁了中苏《国防新技术协定》。

1959 年 6 月是每个中国核武器研究者不会忘记的时间。研制原子弹属于国家最高机密，需要有一个代号以便于保密。1963 年 8 月，二机部部长刘杰赴西北核武器研制基地检查工作，在考虑第一颗原子弹的研制代号时，刘杰[①]、李觉、朱光亚、吴继霖都不约而同地想到了"596"这个数字（意为：59 年 6 月）。最后，就以 596 来作代号，借以激励全体职工，克服一切困难，靠自己的力量和智慧制成原子弹。

1959 年 6 月开始，苏联陆续撤走了驻华的苏联专家。党中央及时作出自力更生研制核武器的决定。二机部遵照中央确定的方针，决心凭我国自己的力量，完成原子弹的研制任务。核武器研究院很快组成三大部——理论部、试验部、总体部，排列出原子弹的各项技术关，分工到各研究小组，分配到每个人，全面开始攻关；在长城外面很快建立了小型爆炸物理试验场，迅速开展了试验工作；在青海草原建立大型爆炸物理试验场和特种炸药浇筑车间，以及其他相应配套的自动控制、机械加工等场地，各项理论研究和实际试验工作有条不紊地进行。

1959 年底，根据部党组关于彻底实现自力更生的指示，钱所长向他们提出了从研究题目到实验室建设，一切依靠自己从头干起，越快越好的要求。钱先生很关心工作的进展。当时做放射性物质的实验条件很差，而且对没有完全撤离的苏联顾问和专家还要保密。钱先生安排放射化学另辟蹊径开展工作，他对王方定说，居里夫人的实验室曾是一个工棚改建的，就是在工棚里完成了发现镭的实验。你们也可以建一座工棚实验室。这样有许多好处：可以很快开始实验、较少受到外界干扰、任务完成后便于处理。工棚外表可以简陋，但内部设施可以做高标准的：油漆天花板和墙壁、地面铺橡皮、设置手套箱、安装强通风机等；用完后也容易就地处理。钱三强立即联系基建处商讨建工棚的具体事宜。大概一个月左右的时间，在 101 反应堆西南侧一个不被人们注意的地方，盖起了面积约 70 平方米，芦苇黄土墙、油毡纸顶棚的工棚实验室。

工棚的工作条件很艰苦。工棚内夏季时非常炎热，室内温度经常在

---

①　刘杰，1915 年生于河北威县。1960-1967 年任二机部部长、党组书记。国防工业办副主任，为我国原子弹爆炸做出了重要贡献。

36℃左右，再操作放射性物质实验，王方定小组工作时，要穿上三层防护工作服，戴上双层橡皮手套，头上戴上有机玻璃的面罩，嘴上还要戴上两个大口罩，所以滋味就更难受。安全人员带着探测仪器在实验人员身边监测，一旦发现剂量超标，随时采取相应的防护措施。晚间操作时，蚊虫更是咬得厉害。

冬天工棚内没有取暖设备，王方定小组都要穿上大棉袄，还得一面踏步一面工作，否则脚就冻僵了。当时最大的困难是水管、蒸馏水瓶和试剂瓶，经过一夜的严寒都冻裂了。为了坚持工作，他们终于找到了办法，每天晚上将水管里的水都放掉，蒸馏水和化学试剂都被搬到有暖气的实验室里，早上再搬回工棚，天天如此，他们坚持了一个冬季。

王方定小组成员崔保顺回忆说：

> 工棚上面是一层油毡，夏天热，屋里没法呆；冬天在这做里实验没法做，白天可以烤电炉，勉强可以做实验，晚上如果不把做实验的东西搬走，通通冻爆了，所以早晨从 12 号楼搬到工棚去，晚上下班再搬回来。当时条件就是这么艰苦。[①]

工棚建好后，王方定小组就开始做提取钋的化学实验。为了便于开展工作，由九局在原子能所技安室实习的五八届大学毕业生聂秉钧负责监督工棚的剂量。这样增大了王方定小组做实验工作的自由度，不必担心因为剂量问题而被禁止做实验。王方定小组使用一点儿钱三强给的原料做实验，最终测到了中子。经过实验，考验了简陋的实验室，王方定小组也取得了工作经验。

崔保顺说：

> 做每一项新的研究工作，王方定都带头第一个干，放射性再强他也是第一个干。我们当时因为没有条件，放射性很强。根据当时剂量

---

① 崔保顺访谈，2014 年 9 月 10 日，绵阳。资料存于采集工程数据库。

情况测算，一人只能干 5 分钟，或者 10 分钟，首先第一个干的就是他。在这条上，其他领导做不到。无论再危险，他首先尝试，所以他的带头作用确实挺好。[1] 别人问他为什么要这样坚持？他说："心里只想到任务重要，就应当去干，没别的好说"。

工作逐渐开展起来后，又安排多路探索，齐头并进开展中子源的研制。王方定小组分出了三个题目，分别承担这三项工作。

这时，工棚实验室的不足开始显露：为了试制氚，王方定小组把锂盐封在石英安瓿里，分装在十个铝照射筒内，放在堆中辐照。出堆后他们发现铝盖螺纹全部扭曲，用开罐设备已打不开铝筒盖，按照规程只有当作废物处理。但王方定又实在舍不得扔掉，便用手把盖子一一拧开，再取出里面的样品。随着工作的开展，王方定小组感到工作条件不足，实在难以为继。

何泽慧[2] 当时是 401 所二室主任，看到王方定小组的工棚实验室条件很差，她就把她管理下做次临界实验的 45 工号下的一间实验室划给王方定小组使用。所以原子弹的中子源是在这个工号里研制成功的。王方定小组有什么困难，何泽慧都是积极帮助解决，有什么问题王方定也向她汇报。当时，王方定和唐孝威都做中子研究，属于保密工作。有一次他们一起讨论中子的问题，而后何泽慧、王方定和唐孝威一起去九院汇报，他们先坐 401 所的车到部大楼，然后下来假装进入部大楼，看见 401 所的车离开后，再乘坐早已等候在那里的九院的车到九院。王方定说，过去何泽慧对他们挺客气，不会凶他们，她非常接近群众。前辈的言行给王方定很大影响，使王方定无论是作为组长，还是室主任，和普通科研人员的联系都

---

① 崔保顺访谈，2014 年 9 月 10 日，绵阳。资料存于采集工程数据库。

② 何泽慧（1914-2011），生于江苏苏州，籍贯山西灵石。核物理学家。1936 年毕业于清华大学，1940 年获德国柏林高等工业大学工程博士学位。1980 年当选为中国科学院学部委员。在德国海德堡皇家学院核物理研究所工作期间，首先发现并研究了正负电子几乎全部交换能量的弹性碰撞现象。在法国巴黎法兰西学院核化学实验室工作期间，与合作者一起首先发现并研究了铀的三分裂和四分裂现象。20 世纪 50 年代，与合作者一起自力更生研制成功对粒子灵敏的原子核乳胶探测器。在领导建设中子物理实验室、高山宇宙线观察站，开展高空气球、高能天体物理等多领域研究方面作出了重要贡献。

非常密切。他认为"不密切做不出事来，不密切工作做不好[1]"。

1960年以后，148位知名科技专家先后调来九所，研制核武器的具体项目纷纷启动。年轻的王方定小组也受命研制原子弹中用来点火的中子源部件。

1960年8月23日，在中国核工业系统工作的233名苏联专家全部撤回，并带走了重要的图纸资料，原来应该供应的设备也不供应了，研制中子源面临着巨大的困难，但也必须完全靠我们自己克服了。

当时，何泽慧的关系虽然不在九所，但核武器研制过程仍离不开她的参与。她是九所三室（中子物理）的兼职顾问，同时还是九所中子点火委员会的委员（原子弹研制的四个技术委员会之一，主任委员彭桓武[2]）。由于九所的科研力量有限，许多任务需要交给科学院等其他科研单位来完成。其中交到原子能所的任务主要由何泽慧负责组织。何泽慧在工作中也贯彻了"根据国家重要任务的需要主动服务当好配角"的指导思想，经常强调"任务第一""主动配合"，认真组织力量，及时准备好完成任务所需要的技术条件，并积极为有关单位培训、输送干部。

作为九所中子点火委员会委员，为第一颗原子弹研制点火中子源的任务就是由何泽慧在原子能所组织的。因此，王方定小组的实验室条件，工作进展，都要向何泽慧汇报，她则想办法解决实验室的问题。

为了加强力量和加快速度，9502和9503两个项目分出由十一室和十六室承担，王方定小组只做9501项目，开展轻核素制备、化合物制备、操作条件的建立等工作。

怎样合成9501产品，在国外文献资料中曾提供了五六种方法设备，但大部分是设备条件要求过高，当时不能立即实现；也有个别条件要求较

① 王方定访谈，2014年6月18日，北京。资料存于采集工程数据库。

② 彭桓武（1915–2007），生于吉林长春，祖籍湖北省麻城县。物理学家。1935年毕业于清华大学，1940年获英国爱丁堡大学哲学博士学位，1948年当选为爱尔兰皇家科学院院士，1955年被选聘为中国科学院学部委员（院士）。彭桓武长期从事理论物理的基础与应用研究，先后在中国开展关于原子核、钢锭快速加热工艺、反应堆理论和工程设计以及临界安全等多方面研究，对中国原子能科学事业做了许多开创性的工作，对中国第一代原子弹和氢弹的研究和理论设计作出了重要贡献，1999年被授予"两弹一星"功勋奖章。

低，经过试验，又没有什么结果。他们又想到领导的指示："工作要开展得越快越好"。王方定说："建议对别人条件要求低些，他们的工作就可以早做实验，早发现问题，早解决问题。自己多花些劳动，多克服一些困难，不就可以保证质量，早出成果吗？"就这样，王方定下定决心，要自己独立设计一种低条件、高质量的工艺流程。他们利用实验室的现有设备，动脑筋，想办法，因陋就简，搭建实验台，其间王方定小组从来没有提出过丝毫过高的要求，处处精打细算。

9501材料的制备工艺原理并不复杂，但在当时实验设备条件下，探索合成一个化学性质极其活泼，并带有放射性的化合物是有一定困难的。虽然试验条件比较简单，但产品质量必须保证，这样就给王方定小组的科学研究工作带来了更多的困难。他们在早期的实验里观察到文献里描述的材料合成、分解、自燃等性质，同时也发现还有许多捉摸不定的因素。想到产品不纯，很有可能与原料有关，但是高纯度原料一时难以得到。为了提高9501的质量，首先要从改进自己的实验着手。这时已是1960年的秋天，北京大学化学系青年助教罗德勤、周环被调来参加这项工作。实验室也从工棚搬到工号。这样，王方定小组根据领导的指示，又认真地不断地进行了试验，使产品质量有了很大提高。他们先后共经过了200多次的反复试验，完成了19项技术革新，苦干加巧干，终于获得了优质材料。该材料在第一次提供使用时，就取得了良好效果。

通过不断实验和总结，他们了解到合成的材料并不真正稳定。王方定小组的胡泽春、周环、崔保顺等在45工号的实验室里又开展了一系列实验。王方定作为组长，对实验工作要求很严细，定期审查实验记录，像老师改学生作业一样，签署意见。他们设计制造了专用的密封室、气体净化循环使用系统及气体分析方法。多次实验证明，经过这些操作后的材料组成和原始样品在分析误差范围内是一致的。经过大量试验后，王方定小组于1961年7月合成了符合要求的材料。

有了合格的原料只是制造点火中子源的开始。如何用材料，有一系列的工艺要求，原料安全密封地包装需要满足一定具体的指标。1962年12月24日，九局胡仁宇将理论工作者提出的指标转告六室，在李林主任指导下，由王树人、李开嵩、黄志徽三人开展包装工作。这项工作一无经验二无文献资料可参考，而且时间只有半年多。首先他们分析了主要的技术关，然后就一个个地去攻克这些技术难关。

图 4-1　王方定小组研制第一颗原子弹点火中子源的工棚

1963 年下半年，使用单位最终选定了 9501 方案，来研制特种中子源。

为了包装装置的各项指标都能达到要求，必须配合进行必要的分析、鉴定工作。他们每建立一种鉴定方法，就必须用另一个不同的方法来进行核对，经过核对，获得满意结果后才算过关。全组人员齐心协力，提出减小误差提高精度的办法，并用几种标准样品检验误差，证明测量完全可靠，圆满完成了任务。

核武器的重要部件点火中子源的研制工作从 1960 年开始，先后在十室、六室、工厂开展了材料的制备、分析、无氧操作条件的建立、包装成装置及制造高精度的密封外壳等工作。成品于 1963 年 12 月底通过最后鉴定，确证完全合乎要求，胜利地结束了中子源核部件研制任务。二机部党组为此发来贺电，向他们表示热烈的祝贺。

9501 材料用于点火中子源获得成功，被多次用作核弹的核点火部件。

在点火中子源研制过程中，王方定作为研制点火中子源的业务组长，怎样才能做好全组同志的思想政治工作，更好地开展科技攻关，还缺少经验。在开始阶段，小组的部分同志在对待 9501 的任务上，有不同想法：有人认为 9501 的工作不像化学工作，应该由冶金方面的同志去搞；也有人认为 9501 产品的指标不够明确，要等指标明确以后才能进行研究工作。

王方定召集大家一起开会讨论对事业的认识，任务的重要性等。通过讨论，小组的同志认识到主动承担这个任务是自己光荣的职责。他引导组员认识到这种综合性极强的尖端事业必须要求大家同心协力，在不断的工作进程中才能逐个的将问题和指标明确起来。只能到最后整个集体试验获得成功的时候，也才是我们每个部件指标明确的时候。这是摸索未知的科学研究工作的特点。就这样通过讲道理，耐心讨论，组员的认识得到了共同的提高。王方定同志在交代任务时，除了尽可能说明任务的目的意义外，他还考虑到，接受任务的同志可能会有哪些想法，把思想工作做在前面。

1961 年，"科学十四条"[①] 的下达，虽然对于原子能研究所广大科学技术人员积极性的调动，研究工作的深入和质量的提高起了很大的作用。但是也有一些人对"科学十四条"的精神有着片面的甚至错误的理解。这种消极思想也曾经冲击过王方定小组。

组内的胡泽春同志在裂片产物的分析工作方面已做了几年，很快就要写报告出文章了。由于 9501 的工作需要，要他立即转入该项目的研究，他并不愉快！组内的周环认为自己一篇文章也没有发表，有些感到自己的工作有点见不得人了，因为他出了几篇文章的同学和她说："同学中谁谁都出了文章了，但还有人却一篇文章也没有出。"周环想：这个就是说她吗？组内还有的同志甚至要求抛下当前任务去考研究生。王方定认为参加点火中子源研制工作，对个人来说是需要作出自我牺牲的。对研究题目，不能因个人兴趣而有所选择，必须绝对服从整个任务的需要，还要根据整个工作发展的需要随时调换题目，甚至调换专业。

在完成任务中，王方定小组虽然遇到的困难多，但是受到的锻炼也多。王方定小组在出色完成任务的同时，也全面地培养了干部。他们是通过实际工作的磨炼而成长的。

当小组成立之初，只有小组长王方定同志才能承担题目负责人。王方定小组有的同志，刚从学校毕业调来小组工作时，不知道研究工作是怎么样一回事，组长王方定怎样说自己就怎样干。后来通过在王方定小组的锻炼，从调研文献、设计实验方案、确定技术路线，到正确处理和分析数据都心中有数了。后来一个中技生和一个高中生已具备了独立操作，进行例行生产的能力，其余几个大学毕业生都已经可以作为题目负责人来安排工作了。

---

① 1961 年 6 月国家科学技术委员会党组和中国科学院党组提出、同年七月中共中央批准试行的《关于自然科学研究机构当前工作的十四条意见（草案）》。

1964 年 3 月，王方定小组被评为 1963 年度的五好研究小组。5 月 3 日，作为组长出席了首都各界青年纪念"五四"大会，受到周恩来、朱德等党和国家领导人的接见。

　　由于在完成任务中，他们遇到的困难多，所以受到的锻炼也多。郭景儒回忆说：

　　　　点火中子源研制工作是王方定的所有科研工作里面最精彩的部分，他能够那么早被评为科学院院士，就是这个巨大的贡献。点火中子源相当于一个炸弹或手榴弹的引信，如果引信不灵了，炮弹就哑了，其重要性可想而知。当时研制点火中子源有三个方案，即 9501，9502，9503。最后王方定的方案做成功了。王方定小组成员除王方定外，都比我还年轻，所以王方定作为组长，是从方案、技术路线、实验安排都是王方定主导的。这个工作有时间坐标，不能拖整个计划的后腿，要求 1963 年前就做出来。现在想象起来一共才多长时间，太难了。这里面反映了王方定的科学素养、组织能力不断得到升华。他是那五年受到了杨承宗、肖伦这些老一辈科学家的栽培，然后他在五年之后接受这个任务以后，他就整体上了一个台阶。[①]

放射化学诊断工作

　　20 世纪 50 年代中期，面对霸权主义的核威胁与核讹诈，面对核工业已成为国际政治斗争、军事抗衡、贸易竞争、技术较量的敏感领域，毛泽东、周恩来等老一辈革命家作出了建立我国核工业的战略决策。于是，我国核工业从军用起步，围绕着研制和生产核武器而创建与发展起来。西北核武器研制基地是在这样的大背景下兴建的。

————————————

　　① 郭景儒访谈，2014 年 5 月 9 日，北京。资料存于采集工程数据库。

九局于 1958 年 3 月组成了研究基地选址小组，认真考虑了水文、气象、地理、地质、居民分布状况等条件，认为青海省海晏县的金银滩较为合适。7 月，中央批准在青海省建设基地。12 月，我国收到苏联提供的基地初步设计资料后，二机部设计院和九所开始了基地的设计工作。

西北核武器研制基地位于青海高原，自然条件十分恶劣。基地规模宏大，技术复杂。在国家连遭严重灾害的情况下进行工程建设格外困难。

1963 年前后，生产和实验部门先后迁往青海。随着工程项目的陆续完成，和西北核武器研制基地建设的迅速发展，大批人员、大量设备仪器向青海转移的条件也逐步具备。1964 年上半年，北京九所的其余部分也先后迁往青海。至此，我国第一支核武器研制力量都集中到了青海。

1964 年 3 月，大部分放射化学专业人员离开北京前往基地。王方定小组做 9501 的几个人仍留在北京，除了维持继续生产外，还调动了一些同志做核爆炸后放化诊断的研究工作。估计要到秋后才能到"前方"——青海基地去。1964 年 6 月初，胡仁宇从"前方"青海给王方定捎来一张纸条，叫他速去"前方"。从北京到西北，而且要把户口迁出去落户青海，在任何人的心中都会引起波澜。迁出去就意味着这一辈子就可能留在大西北了，何况大家还有许多实际困难。当时王方定跟妻子说他要去青海工作，他妻子听后哭了。觉得王方定要去那么辛苦的地方，她担心王方定的身体。但妻子很支持他的工作，这么多年在妻子心底里一直有一个原则，那就是不仅要做一个正直的人，还要将个人利益和国家利益统一起来。王方定当时是 30 岁左右，虽然上有老，下有小，而且女儿刚出生 23 天。等第一颗原子弹爆炸后王方定回家探亲时，不但女儿不认得他，连大一点的儿子也不认识他了。王方定不问原因，不诉困难，匆匆办了户口迁移证，乘坐从北京到西宁的直达客车来到了青海基地。

基地对外名称是国营青海综合机械厂，也称青海矿区，代号 221 厂，不仅有职工生活区和好几座研制生产核武器的分厂，而且有电厂、铁路、公路、汽车队、邮电局、商店、饭馆；甚至有矿区政府和法院。

王方定刚到基地很不适应，第一关是因氧气供应不足引起的剧烈头疼，休息了两天才得以缓解。第二关是鼠疫防疫关。草原上老鼠和旱獭为患，传播肺鼠疫，人人都必须注射鼠疫疫苗。王方定接种疫苗后这种疫苗反应剧烈，不仅头痛而且发高烧39℃以上。

图 4-2　王方定工作过的 221 厂七分厂

基地衣、食、住、行都很困难。但是王方定的心情却舒畅、愉快。在这里，他用自己的才智和心血为祖国核武器试验贡献力量。他为自己人生中的这一段经历感到自豪。后来，他在回忆中写道：

> 在"前方"的实际工作时间虽然不长，却是我一生中最有意义的日子。活生生的事实使我懂得了：科学技术发展到今天，已经是综合的、大规模的集体的事业。它的性质决定了一个科学技术工作者必须大公无私，紧紧依靠集体，把自己的工作与国家的实际需要紧密结合起来，尊重同行，不畏困难才能有所作为。

王方定到达基地后先参加了金属加工车间火灾的善后工作。他先参加实验部通知的会议，被告知车间发生了金属粉末自燃事故，火灾虽然已经扑灭，但地面和墙壁被污染，实验部要求王方定给出清洗建议。王方定认为这些黑色物质应当是金属氧化物粉末，综合考虑后，建议使用碳酸钠溶液清洗。

1964 年 7—8 月，王方定紧张地进行着易裂变材料（核炸药）的临界实验。他被安排称量核材料的重量。由于以前化学实验室称重一般使用 200 克的分析天平，还从没用过称重几十千克级的工业天平，更何况这架天平不稳定，当两次称量的时间间隔大时，偏差就会加大。他花费很大气力对天平进行了修正，称量数据才取得了较好的再现性，最终完成了任务。这两次临时工作使王方定进一步认识到实验室与生产车间的区别。

核爆炸放射化学诊断的主要目的是测定核爆炸试验的裂变、聚变威力

图 4-3　221 厂爆轰实验现场

和核爆炸过程中中子行为，这些物理量对判断核试验成功与否、改进武器设计都很重要。

放射化学方法诊断核爆炸的特点在于它测量的是核爆炸后的积累量，据此数据可以能够从不同核素的积累量分辨不同的核过程及其效应。收集到的样品可以保存供长期分析测量，反复验证数据。虽然检测的对象是宏观样品，但是从研究内容可以得到微观的信息，从而可以确定核弹每个部件间的相互作用。这是其他诊断方法无法做到的。

但是核弹由多种部件组成，比常规炸弹要复杂得多。对这些部件在核爆炸中所发生的变化过程需要一一了解，各自贡献与原设计有无差距也需要检验。发生核爆炸后，这些部件材料与环境介质混合在一起，要通过对取得的微量样品的分析分辨出这些过程并且给出定量的结果，这是放射化学诊断遇到的难题。

测量样品的回收系数是放射化学分析方法遇到的第一个问题。因为从巨大的蘑菇云中取回的爆炸灰仅占总量的千万亿分之一。能否准确地测量回收到的份额，将直接影响到测量结果的准确度。每次核试验放射化学分析人员必须要根据不同的测定对象制定合适的测量回收系数的方法。爆炸取样回收系数的测定方法包括放射性指示法、稳定指示法、气体指示法。

每次核试验必测当量。裂变当量的测定包括 ^{235}U 贡献的测定、^{239}Pu 贡献的测定、^{238}U 贡献的测定、氢弹中总裂变当量的测定，通过对气体裂变产物的分析，测定核爆炸的裂变当量，其中要建立快速气体取样系统，进行气体分离、纯化及测定。

因为聚变反应比裂变反应复杂，所以测定聚变当量比测定裂变当量更加复杂。装入核弹的轻核材料有氘、氚和锂，它们之间有生成氚的反应和烧去氚的反应，分析人员需要对残余固体和气体做出定量测定。从地下核爆炸的空腔中快速取出气体需要解决安全取样问题。聚变当量的测定工作包括：氚的分离、纯化及测定，惰性气体的分离、纯化及测定，CO_2 的分离、纯化及 ^{14}C 的测定。

中子的测定。中子在核爆炸中扮演着极为重要的作用，用放射化学诊断法测定核爆炸的引发和启动链式反应的中子行为。利用放射化学诊断法测定一次核爆炸的聚变中子总数、不同中子能量的中子数、核弹结构材料不同界面处的中子数。还利用热原子化学原理来测定出弹壳中子的衰减规律。利用放射化学诊断法对样品进行分析的过程中，样品都具有很强的放射性。

测定气体。核试验产生的大量气体载带着许多核反应过程的信息，但是采集气体样品比固体微粒样品困难得多。为此王方定和同事们探索了多种取样方法，解决了这个难题。像王方定这样溶液化学出身的工作人员虽然对气体对象不熟悉，但他们很快就熟练地掌握了气体分析、分离及测量技术，成功地取得了试验数据。

王方定回忆说，原子弹里有重材料、轻材料，还有一些外面的辅助材料。重材料也分几种，有铀-239，钚-239。爆炸以后，所有的东西都混在一起。要求化学分析人员在核爆以后能够确定爆炸的一瞬间发生了哪些核反应，这就需要用爆炸后残余的灰来做很多工作。他负责的研究室一共有四个组，其中三个化学组，一个物理组，一百多人只做这方面的工作，有做固体的，有做气体的，所以要测量很多东西。比如，核燃料放到原子弹里面，测量铀-235烧掉多少，钚-239烧掉多少。当这两个材料混在一起使用时，就要想办法把这两个物质的不同产物对爆炸的贡献区分出来。要弄清轻材料氘化锂究竟烧掉了多少，他们就要做气体的分析，因为氘化锂发生了核反应以后要产生气体，最主要的是产生氚，还要产生中子，对氢弹爆炸贡献很大，要测定出中子有多少。还要弄清在爆炸的一瞬间，燃烧氚、产氚对核爆炸各有多大的贡献。以上工作的工作量很大，参与的人很多。

1964年9月，王方定在准备核试验的同时，参加了草原战备活动和局部疏散活动。王方定所在的七厂区的研究室组成了民兵营，王方定被任命为民兵营长，组织了七厂区的实战演习和构筑防御工程。

1964年10月，当第一颗原子弹爆炸试验的放射样品送到基地时，王方定和同志们立刻投入工作。分析工作使用的工号里有一个一个密封的手套箱，正常情况下，手套箱后面有一个运输轨道相通，使样品在密闭的空间移动。但是，当时有一轨道不通，样品在轨道里不能按既定方向流动进入手套箱。于是，他们就临时做了一个手套箱。王方定迅速地用力打开90kg的铅屏蔽装置取出样品，放入手套箱。当时朱光亚就站在他身旁，与他置身于同一个核爆炸灰的辐射场中，这给王方定和他的同事们很大鼓舞。样品分析和实验工作进行得既艰苦又紧张。一个样品的分析工作要经过几道工序，需要几个人共同完成。一个数据往往需要多次的测量，数据取得很好的重现性后才能通过。他们夜以继日地工作，互相协调，紧密合作，克服了诸多困难，才能提出放射化学诊断报告。

傅依备回忆说：

> 到1965年，成立实验部32室，王方定担任主任，我担任研究室的党支部书记兼副主任。后来我们共同研究把这个室分成了五个组，一组主要是做铀钚裂变产物分析，二组主要搞分析，三组主要做指示剂，四组主要做气体的放射性同位素，五组专门做物理测量。[①]

图4-4　原221厂七分厂放化实验室

一百多人的研究室，几十个研究题目，全部在王方定的脑海里，提到任何一个题目他都能够立刻反映出来。有一次科技处来到室里了解情况，王方定说不需要到下面去，坐在办公室自己写给他们。因为王方定每天

---

① 傅依备访谈，2014年9月11日，绵阳。资料存于采集工程数据库。

都和科研人员打交道，不是叫职工来汇报，而是亲临现场，经常到每个实验室了解情况，同事一旦测出数据，他可以马上拿到数据。所以室里的每一个人做什么，工作目的是什么，进度如何，都在他的脑海里。所以，王方定在九院时并不因为自己没有做一个具体的题目而感到懊悔过，因为他觉得研究室的一百多人的题目都是他自己的题目，他都要思考；每一个任务的工作结果都要由王方定向单位汇报。完成一次任务都要在北京开一次会。开会时，他们要提供试验中的各种测量数据，如铀爆炸消耗多少燃料，燃耗多少钚，产氚多少，中子的通量有多大，不同能谱的中子分配怎样，等等。因为做实验时数据在不断更新，王方定都要全程跟踪，所以工作量很大。晚上做实验的同事不睡觉，王方定也不休息，催促工作进度。

1966 年 3 月，邓小平等党和国家领导人视察 221 厂。在二机部和 221 厂负责同志陪同下，邓小平同志兴致勃勃地视察了核基地模型厅、试验部、生产部、一分厂 102 车间等。厂里在影剧院门前广场组织群众欢迎。影剧院门前排成照相队列，从队列到广场入口处又由群众排成单行。实验部 32 室的王方定和罗德勤参加了欢迎仪式。王方定竟被安排在单行队列之首，成为第一个欢迎小平同志的群众。视察结束后，应厂领导的请求，邓小平欣然为基地挥毫题词：

"别人已经做到的事，我们要做到；别人没有做到的事，我们也一定要做到。"

这给正在突破氢弹技术的基地职工很大鼓舞。

1967 年 6 月 17 日，我国进行了第一颗氢弹爆炸试验。当这次核爆炸产生的蘑菇烟云中采集的尘埃和气体样品送到实验室后，放化实验室里气体的放射性剂量超标几百倍。但王方定并不惊慌，反而有些兴奋。他和小组的同志们不等剂量下降，就迅速穿好防护服，戴好口罩，去取样品，开始工作。大家配合默契，工作井然有序。他们在分析中忽然发现在铀的成分中出现了一个以前核试验中从来没见过的 γ 特征峰。他推测这应该是这次核试验成功的重要标志，这个推测果然在 γ 图谱上得到了证实。他们相继测出了预定的数据，都高于过去的几次核试验。这些数据表明我国第一颗氢弹试验大获成功。

1964 年 10 月 16 日—1969 年 9 月 27 日，王方定参加了 10 次核爆放射化学分析测定工作。王方定除本人参加实际工作外，还组织负责某项具体测试任务的工作人员与理论部门密切配合，根据任务需要制定出每次核爆炸试验的化学诊断方案。在分析测量过程中王方定又积极协调化学与物理工作人员在工作中的配合，及时作出正确判断，以解决不同专业人员在技术问题上的不同意见，使 100 余人的队伍能够协同一致迅速地执行制定的方案；每次测试完毕都做出全面总结并向上级上报。他们出色的工作受到上级的肯定和人们的赞誉。本项工作获得国家发明奖四项，其中二等奖、三等奖各一项王方定为第一发明人；三等奖、四等奖各一项，王方定为主要参加者。此外在全国科学大会上曾获大会奖一次。

第五章
"文化大革命"遭遇及重返原子能院

艰 难 岁 月

1965 年，全国范围的"四清"运动开始了。221 厂四清运动也随之开始，成立了四清工作分团。所有的研究室主任统统被管制起来做检查。李毅来到厂担任常务副团长。他来厂后，找王方定这些技术人员谈话，了解情况。不久，被迫做检查的干部重新回到各自的工作岗位上。在"文化大革命"开始前的几个月里，厂里的科研生产得以正常运行。可惜，王方定只工作了大约半年左右，"文化大革命"开始了，从此工厂一片混乱。为了维护工厂的正常科研生产秩序，李毅竭尽全力拼搏奋斗。但是，他也免不了遭受劫难。一次批判会上，有人捅着王方定的背叫他揭发批判李毅。王方定被迫站在那里，但实在想不出什么反党反社会主义的罪行，只能一言不发。

1968 年 12 月 9 日，王方定在青海被"文化大革命"勤务组勒令停职交代问题。他在"文化大革命"中停止了科研生产，被安排参加各种劳动，种菜施肥，敲垢扒灰。最使他感到痛苦的是：规定全厂职工一律不准对外联络。王方定自从来到基地，一直与家里不断通信。他担心一旦家里突然收不到他的信，妻子必将寝食难安。于是，他连夜写信告诉家人不要担心，偷偷在黑夜中奔向邮局寄信。这封信的确对家人起了很好的安抚作用。

迁入四川三线山沟

"三线"建设是为了适应战备的需要，由国家作出的战略安排。根据中央的指示精神和核工业的实际情况，二机部于1963年11月提出了在三线地区进行核工业建设的报告。中央专委同意了二机部的报告，决定从1964年开始选择厂址，争取尽快新建一批核工业科研、生产基地。

1965年5月，经中央专委讨论，原则批准了第一批项目的厂址和建设方案，确定了核工业三线各单位的布局。二机部根据中央关于三线建设的方针、原则，对新厂的工艺设计、生产规模、生产布局、厂址选择、生产项目与生活项目的安排等都作出了规定。设备仪器全部国产化；对一些重点设备、材料，确定了负责研制的部门，同时要求国产设备仪器的质量不能低于国际标准。为了尽快建成一批三线基地，二机部采取了许多措施。20世纪70年代初，核工业三线建设工程陆续建成投产。

1965年，四川三线建设开始，1969年时实验室和宿舍已经建好。1967年5月，中央决定对核工业系统实现军事化管制（简称军管）。九院凡是科研部分都要搬到四川。1970年10月，王方定根据组织安排，乘火车搬迁到四川三线山沟。

到达山沟后王方定他们被按军队编制组织起来。研究院改称总字819部队，第二研究所改称成字152部队，研究室改称连队。王方

图 5-1 四川三线茶园沟

定所在的研究室被编为第三
连，人员参照战士待遇。由
于核试验的放射化学工作全
部移交给其他单位，王方定
无事可做。这种准军事状态
到 1971 年 9 月 13 日"林彪
事件"后才逐渐结束。王方
定的日子也一天天好起来，
逐渐过起了正常人的生活。

图 5-2　王方定曾住过的三合院一角

　　1972 年，王方定被调
到技术安全室，担任支部委员，分工管业务。技术安全室大概有 120 人。
王方定对做基层研究室的业务工作有兴趣。从 1972 年 7 月 5 日进入技
术安全室，到 1973 年 11 月 15 日调回放化室，他做了一年半左右的技安
工作。

　　当时，第二研究所的各实验室和车间已经建成。各研究室都忙着调试
自己的工号准备投入使用，其中以技术安全室的任务最为庞杂：调试监督
山沟里全部放射性实验室、分散在各工号的剂量站、科学实验室，还要调
试处理放射性废水车间、整理固体废物库等。王方定接管业务后，阅读专
业书籍和文献，向各专业组长和组员们了解情况，学习具体业务。当他对
业务知识逐渐熟悉后，撰写了《关于 1973 年工作内容的设想》，在全室大
会讨论，进而制定了 1973 年工作计划。王方定还参加了废水处理车间试
车，确定了工艺流程，接受并处理了核试验放化测量排放的废水；清理了
新建成的固体废物库；用 SF6 做山沟里大气扩散模型试验；跑遍了山沟里
的实验室和车间，检查各个剂量站的情况。一年多下来，他不但学到了一
门专业，而且跑遍了全所的工号。王方定回忆说：

　　　　我就被调去做技安工作了。因为这个时候，搞放射化学的有两个
　　人，一个傅依备，一个我，后来就把他留在室里，担任副连长，调我
　　到技安室当副连长。我不同意。后来开支委会，选我当支部委员，管

业务。我愿意管业务，而且对我来说是学一门新的业务，可以看文献，联系群众，到处去看每一个组，找他们组里的人谈话。最后我摸索出了技术安全室的第二年度工作计划。他们说技术安全室成立以来好像还没这么干过。我以前当室主任就是这么做的。我把全部精力投入到业务工作上。技术安全室有 100 多人，我不但多学习一门业务，而且交了好多朋友。更重要的就是，每个实验我都要管。于是我跑遍了山沟里的大大小小实验室，增长了很多具体的知识。①

1973 年 11 月 15 日，王方定被调回放化工作岗位。王方定也参加过几次核试验。一次，他们计划在某次地下核试验中做气体快速取样及就地快速分析的课题，需要在布置、设计管道时取得有关方面的同意及协作。因此，王方定和几位同事作为方案提出者一方去某基地参加项目讨论会。其他比较多的时间王方定喜欢去图书馆看书。

1973 年底，二所的编制有 6 个研究室和 4 个车间，王方定担任放射化学研究室（代号 205 室）主任。1975 年 12 月 20 日，王方定被二机部任命为二所副总工程师，于是放射化学室就由郭高品来管理。

调回原子能院

核工业职工队伍是一支政治素质好、技术能力强、能吃苦耐劳、不怕困难的坚强队伍。然而，在"文化大革命"中，一批对我国核工业建设和核武器研制有贡献的科学家、专家、领导干部、老工人遭到了批判和斗争，被下放到农村"五七"干校劳动，从而使核工业的科技工作和管理工作受到严重削弱。西北核武器研制基地是职工队伍遭到伤害最严重的单位之一。

林彪事件后，军代表撤出 819 部队，九院回归二机部建制，李觉到九

---

① 王方定访谈，2014 年 6 月 13 日，北京。资料存于采集工程数据库。

院宣布平反。1973年12月4日，中共902所委员会签发了关于对王方定同志的平反决定。

为了联系武器研制系统，二机部成立了九局，即军工局，需要从基层调几个人去工作。1978年2月，王方定终于在为九院服务20年后调回北京，在九局工作。

1978年，王方定作为组织者之一及主要参加者，获全国科学大会奖三项：核装置点火中子源的研制；放化分析测定热试验产品的当量和燃耗；^{210}Po及其他多种放射源的制备。

在九局工作时，王方定比较安心，每天坐班车上下班。部里给他分了房子。他觉得已经50岁的人了，也可以了，没有更多的想法。

王方定在九局工作时，王淦昌兼任原子能研究所所长。一次王淦昌叫住王方定说，你是做研究工作的，不应该在机关久待，建议他回原子能研究所工作。于是王方定在九局工作一年多后，又回到科研工作第一线，重新开始了基层实验室工作。回顾过去与王淦昌一起工作的岁月，王方定更加感激当时王淦昌等老一辈领导对他成长的关怀。如果不是他们对王方定的激励，鼓励他去做更适合自己的事，王方定后半生的经历将完全是另一个样子。

王方定回忆调回原子能研究所的经历时说：

后来王淦昌、吴征铠[1]、王承书[2]这些由401所调去的老先生都在

①　吴征铠（1913-2007），著名物理化学家，放射化学家和化学教育家，我国铀扩散浓缩事业、放射化学、分子光谱学的奠基者之一，中国科学院资深院士。1934年毕业于金陵大学化学系，1936年考取了中英庚款公费留学英国，成为剑桥大学物理化学研究所第一个中国研究生。在著名分子光谱专家 G. B. B. M 萨瑟兰（Sutherland）教授指导下从事红外和拉曼光谱研究，1939年，回国在湖南大学任教授。1960年苏联中断了对中国研制核武器的技术援助后，吴征铠被调到第二机械工业部和中国科学院原子能研究所担任气体扩散法分离铀同位素研究的领导工作。吴征铠是中国早期从事红外和拉曼光谱的研究者之一，对中国的分子光谱学和激光化学的成长与发展起了推动作用。20世纪60年代转入原子能方面的工作，从事同位素铀分离技术的研究，为加速中国原子能科学技术的发展做出了贡献。长期从事化学教育工作，重视培养学生独立思考与动手实验的能力。

②　王承书（1912-1994），湖北武昌人。气体动力学和铀同位素分离专家。1934年毕业于燕京大学物理系，1936年获该校研究院硕士学位，1944年获密歇根州立大学研究院物理博士学位，曾任密歇根州立大学研究员。1956年回国后，先后在受控核聚变、等离体物理、铀同位素分离等方面进行了研究，取得重要成果。在研制我国第一颗原子弹的装料工作中做出了贡献。

部大楼里上班，有的当副部长，有的当副总工程师。当时 401 所缺一个室主任，他们看见我在九局工作，于是问我是否愿意当室主任。有可能到基层工作更适合于我这个人的特点。局长对我说，九局不到 10 个人，我们非常需要人，你只要表态说你愿意留在局里，我们就可以跟王老（王淦昌）说，那么你就留下来了。我说自己不好表态，还是服从组织分配。王方定回到了 401 所十室。①

1979 年 10 月 15 日，王方定调回原子能研究所从事放射化学基础研究工作，担任十室主任。

十室有 100 多人，包括 10 个组。王方定回来以后体会到做管理工作不够，方式也不太一样。他认为在任务强的单位需要领导管得过多，王方定在九院就曾越过组长，管理一线科研人员。但在 401 所，领导不能够管得太多，尤其不能够越过组长去管理一线的人。

1981 年 2 月，原子能研究所成立化学部，汪德熙② 当主任，王方定和冯百川担任化学部副主任。1982 年 10 月，王方定晋升为研究员。1983 年 7 月 11 日，王方定被任命为原子能研究所科技委副主任。1985 年 9 月 27 日，王方定参加了十室成立 30 周年聚会。1986 年 7 月 8 日，他被任命为原子能院科技委主任。在担任科技委领导期间，他要接待外宾，必须要与外宾对话，所以他还继续学习英文。后来他直接接待了不少外宾，都应付下来了。

---

① 王方定访谈，2014 年 6 月 13 日，北京。资料存于采集工程数据库。

② 汪德熙（1913-2006），祖籍江苏省灌云县。中国著名的高分子化学家、核化学化工事业主要奠基人之一。1935 年毕业于清华大学化学系，1946 年获美国马萨诸塞理工学院化工专业博士学位，1947 年回国。1960 年汪德熙调到中国原子能研究所后，历任副所长和科学技术委员会主任、中国原子能研究院副院长。他领导和组织了一系列国防科研项目，如核燃料后处理萃取工艺、原子弹引爆装置的制备、核试验用钋 -210 及其各种放射源的研制、氚的提取生产工艺、核试验当量的燃耗测定、核工业产品中的铀和钚及杂质的分析鉴定方法的研究等。1980 年 11 月汪德熙被选为中国科学院学部委员（院士）。

第六章
转向放射化学基础研究

王方定回到原子能研究所后也意识到没有自己的科研，以后也无法工作下去。因为他从 1958 年就离开 10 室，到 1978 年已经 20 年了，所以他觉得除了管理工作以外，自己一定要抓时间在科研工作方面还要继续提高。当时 10 室发展很大，主要与核燃料相关，工作也做了很多。身为室主任的王方定觉得自己对 10 室又比较生疏，只能管理组长，业务工作也插不进去。王方定觉得需要结合自己比较熟悉的知识做点新题目。因为他在九院工作时裂变产物方面的工作做得比较多，所以他就把自己放到林灿生担任组长的裂变组去做裂变工作。

在以后的岁月里，王方定不顾虚弱多病的身体，不遗余力地投入了他所钟爱的核科学研究工作。他虽然年事已高，可他依然像年轻人一样亲自组织并积极参加科研项目的工作。

在原子能院，他在参加任务内工作的同时，还进行了核化学方向的调研工作，结合聚变核燃料及聚变过程中高能中子、带电粒子核反应，提出了聚变化学的研究方向，同时培养了硕士和博士研究生。在实验室里具体进行了三方面工作，即：裂变产物的化学行为研究和裂变产物的化学状态与生成方式间的关系等裂变产物研究和重核裂变电荷分布研究。从此，他才开始在公开文献期刊上发表研究论文。

裂变产物研究

在为从辐照过的核燃料中提取钚来作为核炸药或燃料元件所需的核燃料后的处理工艺中，其原料中含有大量裂变产物元素，这些裂变产物会干扰提取过程的进行，也将影响再生核燃料的质量和使用。容易引起界面污物的锆（Zr）和多价态过程中难于控制其走向的锝（T）都属于这类元素。为此，王方定开展了这两种元素的化学行为的研究。主要内容有锆在磷酸三丁酯降解产物体系中的萃取行为。为了解锆在 Purex 流程中的行为，进行了 HDBP 萃取 ^{95}Zr 的初步研究，测定了 HNO_3 介质中当离子强度为 3 时，用不同浓度的 HDBP，在不同酸度、不同 NO_3^- 浓度条件下萃取 ^{95}Zr 的分配系数，并对萃取反应机制进行讨论。王方定还开展了不同介质中不同还原剂还原高锝酸盐的动力学研究。

实现核裂变是原子能和平利用于能源工业的唯一手段。从发现这一现象开始，核化学家就对它们做出了积极的贡献。在裂变产物元素的鉴定、产额测定、碎片射程测定、衰变链关系、多分裂现象及裂变产物的化学行为等方面前人都进行了研究，并在实验基础上提出了自己的见解。在对裂变产物元素进行化学分离、分析时，了解所研究核素的化学状态是保证研究结果确实可靠的重要前提。随着研究工作的深入，由于对众多短寿命裂变产物核素需要拟定尽可能快速的分离程序，核化学家关心核燃料后处理工艺中一些多价态裂变产物元素的化学行为，对高能化学反应感兴趣，简单地在研究过程中用化学方法来统一裂变产物元素的价态已不能满足要求。裂变产物核素从生成到成为稳定的元素，其元素种类随时在发生着变化，因而需要开展对裂变产物核素的化学状态与生成方式之间关系的研究。在 35 种裂变产物元素中，14 种元素具多种价态，其中具放射性的核素分别位于约 50 个衰变链中。原则上这些核素都是可研究的对象。

当时的研究工作有，一些裂变产物核素的化学状态与裂变时的直接生成物及其与母体衰变的生成物的关系，以及一些裂变产物的化学状态与衰变过程的关系。Sn → Se → Te → → I 衰变链中诸核素的化学状态与生成方式的关系也是一项令人感兴趣的现象。为了能方便快速地更多取得实验数据，王方定进行了 ^{252}Cf 自发裂变中 Sn → Se → Te → I 衰变链中碲和碘的化学价态的研究。发表了论文：The Chemical States of Iodine Droduced by s.f. of ^{252}Cf 和 The Chemical States of Tellurium Produced by s.f. of ^{252}Cf。

研究了裂变产物衰变链 Sn → Sb → Te → I 诸成员各自的化学状态与其生成方式的关系[1]，认为最终化学状态不仅与生成方式有关而且与收集形式有密切关系，国外文章只强调了前者，王方定的工作为改进工艺提供了启发。具体研究了锡、锑、碲、碘几种元素。根据上述初步分析，王方定列出了以下题目作为选题的参考：碲的快速价态分析；从短寿命母体锑中快速分离连续收集碲；锑的快速价态分析；从母体锡中快速分离连续收集锑；直接裂变生成的碲价态的影响；同质异能跃迁对碲价态的影响；裂变产物砷的价态；裂变产物硒的价态；同质异能跃迁对硒价态的影响；^{83}Br 的价态分布；Br 价态分布；^{99}Mo 的价态分析；从母体 Mo、Tc 中快速分离连续收集钌；从母体 Ru、Rh 中快速分离连续收集钯；钌的价态分析；钯的价态分析；化学价态的穆斯堡尔谱快速分析；γ 能谱—穆斯堡尔谱法快速在线测定裂变产物核素的价态；裂变产物核素化学价态变化动力研究；剂量场对裂变产物化学价态的影响；Rh 价态的快速分析；碘价态的快速分析。

提出聚变化学研究方向 [2]

做科研出身的王方定回到 401 所，想到自己还需要有自己的科研题

---

① 王方定：裂变产物的化学状态与生成方式间的关系。《核工业部原子能研究所科学技术成果报告》，1984 年 7 月。资料存于采集工程数据库。

② 王方定：聚变化学及用放化方法研究高能中子核反应。《原子能科学技术》，1982 年 3 月。存地同上。

目，所以就给自己出了调研题目，写调研报告。因为他在九院做氢弹的碎片分析工作时很多的研究都是与高能中子结合的，尤其与 14 MeV 中子关系很大，所以他到 401 所后经过文献调研发现 14 MeV 中子与化学的关系很密切，所以撰写了一篇题为《聚变化学及用放化方法研究高能中子核反应》的文章，发表在 1982 年 4 月的《原子能科学技术》。本文介绍了聚变化学的研究概况，并扼要叙述用放化方法研究高能中子引起的核反应方面的工作。王方定在论文中还探讨了核燃料循环、等离子体与物质相互作用中的化学问题，以及冷却剂、结构材料及有关的分析化学方法。王方定还探讨了用放化方法研究高能中子核反应。聚变反应堆是一个强大的高能中子源，它需要包括快堆、核武器、加速器范围的核反应数据，以用于燃料循环、核加热、辐射损伤效应、感生放射性及辐射屏蔽等方面的设计。他研究了聚变堆研究对核数据的要求和测定核数据用的放射化学方法。

王方定在文中谈到，聚变堆的实现在我国虽然还是比较遥远的事，但作为技术储备并配合目前有关工作的需要，在充分利用现有重要条件的情况下也可以考虑作一点具体的安排。据初步了解，除西南物理研究所在进行等离子体与物质相互作用的研究外，聚变化学的其他部分尚少有研究。因此，建议有条件的单位根据自己的长处和需要，做点深入的调研，适当安排一些工作。初步的想法是：用化学方法研究高能中子核反应。测定核截面数据不但对聚变堆工艺是有意义的，从学科上看，也是核化学的内容之一，通过它的研究感觉可以建立起快速、低放等分离、分析技术。近年来他们测定裂变产额的技术不但能作为这项研究工作的基础，还能因这一工作的开展，进一步得到提高。在此基础上又能进一步开展带电粒子核化学的研究工作。因此，今后应注意开展用放化法研究高能中子核反应的工作。氚废物处理研究：结合到原子能所重消堆已经出现了的含氚废水处理问题，和我国核能计划中动力堆燃料循环所产生的氚废物处理问题，应积极把有关氚化学的课题提上日程。氢—锂体系的研究：氢—锂体系化学是聚变堆燃料循环的核心问题之一，对它的研究既可以因此而开展一些热力学的基础工作又能建立一些固、气相化学研究的技术和条件。上述三方面工作的开展，对聚变堆设计及轻核燃料循环能作为开发未来能源的技术储备，而在目前又能与充分利用加速器开展核化学研究及发展核电应用紧密联系，看来是有近期实现的可能的。

其他科学研究

在国家自然科学基金的资助下，王方定开展了裂变过程的基础性研究。研究了在核裂变产额与核结构的关系，测定了目前缺少实验数据的对称裂变区的产额，提出了自己的见解。他和同事及研究生一同用放化法测定了 ^{252}Cf 自发裂变中 ^{133m}Te 和 ^{133g}Te 的分累计产额，用放化法测定了 ^{252}Cf 自发裂变中 ^{133m}Te 和 ^{133g}Te 的分累计产额，其值分别为 FCY（^{133m}Te）=0.533±0.014，FCY（^{133g}Te）=0.291±0.042。计算得到 ^{133m}Te 与 ^{133g}Te 分独立产额比 R=3.5，由此导出 ^{133}Te 初始碎块均方根角动量为 8.8h。FCY（$^{133m+g}$Te）值与 A.C.Wahl 的电荷分布系统学预报值在误差围内一致。N=82 中子壳和质子对效应对 A=131–141 质量区电荷分布没呈现出明显影响。同时还用放化法首次测定了 ^{252}Cf 自发裂变中 ^{127g}Sn 和 ^{128}Sn 的累计产额，用放化法首次测定了 ^{252}Cf 自发裂变中 ^{127g}Sn 和 ^{128}Sn 的累计产额，其值分别为（0.0437±0.0021）% 和（0.145±0.007）%。^{128}Sn 的测量值较 Z_p 经验模型预报值 0.164% 偏低，但与 A'_p 经验模型预报值 0.145% 符合很好。这一结果和钇有热中子诱发 ^{235}U 裂变时对称区 In 及其互补元素 Tc 的实验数据都表明，A'_p 经验模型较 Z_p 经验模型更好地描述对称区的电荷分布。

王方定还研究了核燃料循环，撰写了《钍作为核燃料的前景》[1]，就钍作为核燃料的意义、优缺点及克服缺点的一些方法逐一讨论，被收入《中国原子能科学研究院学术报告汇编》。

他认为：

---

[1] 王方定：钍作为核燃料的前景。《中国原子能科学研究院学术报告汇编》，1986 年。资料存于采集工程数据库。

　　研究钍燃料的意义在于国家在高技术发展规划的核能源项中提出：七五规划中将开展快堆、高温气冷堆和混合堆的研究；钍是后两种堆型常用的核燃料，尤其是高温气冷堆，必须采用钍燃料才有可能得到核燃料的增殖。因此，研究钍燃料是有实际意义的。钍燃料的优点：资源丰富；稳定性好：化学上具单一的四价，晶体结构单一，金属及氧化物的熔点均高于铀；热中子特性好：每次吸收中子所放出的中子数 η（热中子）较大，转换成易裂变核的（n，γ）反应截面较大，不易出现中子毒物 ^{230}U，产生的超铀、长寿命 α 放射性废物少，有利于防止扩散。利用钍燃料的问题包括：与 ^{233}U 共存的 ^{232}U 带来的 γ 和中子辐射，堆后钍中 ^{223}Th 和 ^{234}Th 的放射性，导致堆后钍的放射性不断增强，钍燃料后处理工艺有待研究改进。解决问题的方法有：对于 ^{233}U 中的 ^{232}U，在中子慢化好的环境中辐照钍，以减少 ^{232}U 生成量（漂移能谱反应堆可以降低裂变中子能量）；使谱软化的方法；涂膜石墨基燃料，平均中子能谱慢化好，核燃料分散在慢化剂中，上反应阈能的中子减少；选择堆中适当的位置放置 ^{232}Th，利用流体核燃料，连续提取 ^{233}U。除去 ^{232}U 的子体的方法：在制作元件前，分离一次 ^{233}U 与 ^{228}Th，然后可以在辐射剂量较小的情况下加工。对后处理流程的改进方法：钍燃料后处理在技术上没有问题，但要对技术进行完善，而目前开展的工作很少。因此，认为问题较多，但只要安排研究，问题不难解决。

　　王方定认为相关的研究工作包括资源调查，开展钍矿成矿理论规律研究，调查我国钍资源的实际情况，为能源发展战略的制定提供基本数据。铀—钍循环与铀—钚的比较研究：利用铀—钍循环的最大优点是所产生的长寿命 α 放射性废物比铀—钚循环少得多，从而将大大降低对环境的危害及废物处理的投资，但这一优点只有在全面、定量地与铀—钚循环作比较后（如堆型、包括处理及三废处理等运行，废物的处理和永久处理等）才能确定是否（或何时）真正具有生命力。钍化学及有关核参数的研究。机器人用于核工业。王方定认为铀—钍循环的最大优点在于它产生的超铀长寿命 α 放射性废物的量与铀—钚循环相比是微不足道的。关于 α 放射性废物的处理和永久处置是一个十分复杂的问题，这个问题过去没有受到人们应有的重视，近年来虽然已经提到日程上来，但当它还没达到具有威胁性的程度时，也是不易被作为一个问题来认真对待的。如果在制定长远发展的核能源规划时，把它放在重要的研究位置上，将不但有可能取得相当大的经济效益，而且也将会造福于环境和子孙后代。

1992年5月，王方定撰写了《核武器控制与放化分析技术》[1]一文。他认为："核大国为了保持自己的核优势，竭力防止非核国家发展掌握核武器。同时，为了制造有利于自己的舆论，迷惑视听，在核裁军谈判进程中也摆出了一些压缩核材料、消减核武库的姿态。随着历史的发展，国际局势发生了很大的变化，世界上掌握核武器的已不再是一两个国家；冷战虽然结束，矛盾与冲突并未缓和，不稳定因素有所增加。因此，参与核武器的核查与控制的国际讨论是必要的。我们必须清醒地认识并认真对待。外交斗争上的这一形势要求科技工作者掌握先进的核查、监督技术。这方面的技术有卫星侦察、地震监测、辐射探测等。放化分析技术既可用来监测核武器的实际部署，又可用来监测核材料的生产情况，是继该技术应用于核爆炸的侦察论断测试之后的又一重要应用。我国已加入不扩散条约，并已经口头承诺不进行大气层核爆炸实验。更加广泛地参加国际合作确保核能的和平利用是我们的权利与义务。面对日趋复杂的国际局势，在核裁军及军备控制等方面将会出现更多的问题需要解决，对此我们要有充分的估价并进行相应的技术准备。

王方定建议从国外监测的情况出发，可以考虑安排一些有关的监测研究项目。控制裂变材料的生产是限制核武器的重要手段。制备核武器的重要材料有铀、钚、氚、锂等，钚是多年来在核裁军问题上最受重视的核材料。近年来，在核裁军上又出现了裁氚派。放化分析技术应用在核材料监测上也有许多研究工作可做。

1994年9月，王方定撰写了《嬗变处理高放核废物》[2]。他在文中就嬗

①　王方定、齐占顺：核武器控制与放化分析技术。《核科技报告》，1992年。资料存于采集工程数据库。

②　王方定、齐占顺：嬗变处理高放核废物。《内部资料》，1994年。存地同上。

变法处理长寿命核废物进行了探讨，综述了各国在该领域的政策及目前的研究状况。他综述了 20 世纪 70 年代以来，长寿命放射性核素嬗变成短寿命核素然后实施固化及处置的探索性研究，论述了高放废物的主要成分及其辐照危害。王方定从现有材料得出以下结论：美、日、俄、法、比、德、瑞士、韩国等许多国家，虽然各自应用核能的情况不同，但都在不同程度考虑、酝酿开展有关长寿命放射性核素嬗变处理的研究。嬗变（Partitioning-transmutation，P&I/P-T）分离的内容包括：把次要锕系核素（MA）分离出来，然后加以核嬗变，达到长寿命核素不进入环境的目的。介绍了美国、日本、俄罗斯、法国、瑞士、比利时、韩国、意大利、德国的研究动态。

　　1997 年 3 月，王方定撰写了《核燃料及其循环使用》[①]，对核燃料循环进行了探讨。关于核燃料循环体系，王方定认为在核反应堆中能燃烧（产生自持的链式核反应以提供能量）的材料称为核燃料。核燃料进入反应堆前需要进行一系列处理，包括：矿石的开采，从矿石中提取和精制燃料元素——铀，铀的转化，铀的同位素浓缩，燃料元件的制造。组装成的燃料组件在反应堆中燃烧，剩下的乏燃料取出反应堆后又需要进行一系列处理。由于从乏燃料中分离出的铀和钚可以重新制成燃料元件，再次进入反应堆中燃烧，形成燃料的循环，所以把这种核燃料从矿石开采到最终处置的全过程叫核燃料循环。他在文中说，目前在聚变能的释放上，虽然已经实现了氢弹爆炸，但由于还不能控制它，所以还不能用作民用的能源。裂变能则已经成功地用于发电，也就是我们常说的核电站。铀是目前核电站可用的唯一的天然燃料。可见现在类型的核电站，铀作为燃料资源并不丰富。但是如果能将天然铀中未被热中子堆利用的、占 99.3% 的 ^{238}U 利用起来，情况将发生本质的变化。利用快中子增殖堆能够解决这个问题。关于核能应用清洁化：后处理污流程产生的高放废液的最终处置，是人们最关心的问题。它含有反应堆中产生和全部裂变产物、镎和超标元素。裂变产物的放射性在储存 300 年后将降变产物降到比天然铀矿还低的水平。而镎、镅、锔等超钚元素在储存几十万年后仍保留有相当的水平。缩短放射性废

---

　　① 王方定：核燃料及其循环使用。参见：《共同走向科学（上）》，北京：新华出版社，1997 年，第 120-134 页。

物辐射危害达到环境允许水平的时间，将从根本上消除这一疑虑。这样人们就能够从有人类历史文献记载的时间尺度来评价地层的稳定程度，从而做出不容置疑的结论。这个目的可借用中子嬗变长寿命裂变产物和超钚元素的方法来实现。

关心核科技事业发展

对科学研究，王方定始终瞄准与国家任务有关的课题，努力为原子能院争取经费。原子能院的顾忠茂[①]回忆起王方定关心核科技事业的发展所做的幕后工作时，讲述了两件印象深刻的事。

20世纪90年代，国际军控形势出现了新的变化。为了积极应对新形势，上级有关部门自1996年开始策划在原子能院筹建技术研究中心。上级部门关于筹建中心的原则指示是不重复投资，不另铺摊子，不是扶贫项目。为了加快推进相关工作，上级部门还提出"边研究，边建设"的中心筹建模式。当时，由于种种原因，在1996—1997年的一段时间，迟迟未能明确中心的定位、机构设置与人员编制等基本问题，在院内一度造成了好几个二级单位争抢项目的无序局面，严重影响了中心筹建的进程。尽管顾忠茂提醒要聆听钱委员（即钱绍钧[②]）的指示，但有人认为现在不是"文化大革命"时代，没有最高指示。经过少数人策划之后，某位院领导作出了成立一个大中心的决定。1997年11月11日上午，顾忠茂和时任放射化

---

① 顾忠茂（1944-），中国原子能科学研究院研究员。主要从事核燃料循环和分离工程研究，曾获核工业部科技进步奖一等奖等多项荣誉，获政府特殊津贴。

② 钱绍钧（1934-），浙江省平阳人。实验原子核物理学家，中国人民解放军总装备部科技委常任委员、研究员。1951年考入清华大学物理系，1953年因院系调整转入北京大学物理系，1955年因国家需要又转到技术物理系攻读实验原子核物理。次年毕业后留校任助教并兼做研究工作。1962年奉派去苏联杜布纳联合原子核研究所，在我国著名高能物理学家张文裕先生指导下从事高能物理研究。1965年回国后在核工业部原子能研究所高能物理研究室工作。自1966年开始，他作为技术负责人参加了历次核试验的放射化学诊断工作，主持或参加了许多诊断技术和方法的研究，为建立较完整的诊断方法做出了成绩。1995年当选中国工程院院士。

学研究所（简称放化所，下同）书记的张恩琇同志被通知去院里开会，会上宣布，要成立一个规模为 80 人的大中心，该中心将是一个直属院的新的二级单位。

顾忠茂意识到了事态的严重性，感到目前的所谓"决定"偏离了钱委员的意图，想向钱委员直接反映情况。但那时候顾忠茂还没办法与钱委员联系，于是想到了王方定院士。他回到办公室后，立即向王方定报告了最新情况，请钱委员对中心建设事宜给出明确指示。

顾忠茂给王方定打电话后，短短不到两个小时，王方定就回话说他已与钱委员联系上了，钱委员根本就不知道有那个"决定"。按照钱委员的构想，中心的定位是"小中心，大外围，高水平"，现在若搞个大中心，以后形势变了，谁来养活这批人？

王方定的电话好比"雪中送炭"，让顾忠茂激动的心久久不能平静。在原子能院筹建研究中心之路艰难曲折并走到了十字路口的关键时刻，王方定实在"太给力了！"正是由于王方定的力挽狂澜，钱委员的拨乱反正，原子能院筹建中心之路才渐渐步入了正确的轨道！1998 年，研究中心正式成立。

另一件事就是"核燃料后处理放化实验设施"（简称"放化大楼"）的立项过程，它凝聚了原子能院三代放化人的心血，是放化人 30 多年来不遗余力、坚持不懈、努力争取的结果。由于多年来人们对于后处理的战略地位缺乏足够的认识，使得"放化大楼"的立项过程漫长而曲折，而且始终是一种艰难的"自下而上"的推动过程。

20 世纪 70 年代初，原子能院放化界老一辈科学家吴征铠院士等就开始策划筹建"超钚元素和裂变产额实验大楼"的计划，并于 1984 年 6 月完成了初步设计，但因故此项目的建设未能实现。20 世纪 80 年代，放化所历任领导都对申请筹建"放化大楼"非常重视。但在"保军转民"的大背景下，"放化大楼"的建设无法提到议事日程。20 世纪 90 年代中期，放化所曾组织编写材料，准备请多位院士、专家联名向中央汇报。但因 1998 年初国防工业部门处于体制调整状态，此事再度搁浅。1998 年 5 月的印、巴核试验和 1999 年 5 月我国驻南斯拉夫使馆被炸事件发生以后，"放化大楼"

的立项申请准备工作重新启动。顾忠茂除了准备详细报告版本之外，还准备了简写本，呈送上级领导同志审阅。申报材料强调了后处理对确保国家核威慑力有效性和核能可持续发展的重要性，鉴于现有后处理放化设施已陈旧不堪，新设施的建设已刻不容缓。放化人的上述努力引起了上级部门的高度重视，在中核集团公司、国防科工委和总装备部等职能部门领导层逐步形成了基本共识。可以说"放化大楼"的立项准备已处于"蓄势待发"状态。

为了加快"放化大楼"立项申请的步伐，1999 年顾忠茂想到请王方定亲自出马向中央领导呼吁。考虑到胡锦涛同志曾于 1994 年 2 月 27 日登门看望过王方定，请王方定给胡锦涛同志写信反映情况，但当时王方定正在美国探亲。得知王方定 11 月初回国的消息后，顾忠茂立即与王方定联系写信事宜。事业的责任感和历史的使命感，驱使王方定不顾长途旅行的疲劳，满怀激情地奋笔疾书，他于 11 月 16 日向胡锦涛同志报告"中国原子能科学研究院的核燃料后处理放化实验设施曾为我国完成钚弹装料生产工艺流程研究、核动力装置乏燃料后处理工艺研究、核试验放化诊断所需超钚元素的提取、各种核燃料元件的燃耗测定等军工任务做出了贡献，迄今已运行 30 余年。目前……我们已面临没有一个可运行的后处理研究设施的境地。希望能得到中央和中央军委的支持，尽快落实建立中国原子能科学研究院的核燃料后处理放化实验设施。"

令人振奋的是，王方定在发信一周后就告诉顾忠茂，他已得到了中央办公厅热情洋溢的回应。胡锦涛同志及时将王方定的信批复给了国防科工委，希望能给王方定"一个满意的答复。"

王方定给胡锦涛同志的信如一剂高效的催化剂，大大加速了"放化大楼"的立项申请进程。2000 年元月 8 日，也就是距王方定给胡锦涛同志写信后的 52 天，"中核集团后处理放化实验设施项目建议专家论证会"在京举行，王方定担任专家组组长。这是对我国后处理事业具有里程碑意义的一次历史性盛会，会上，包括朱永贝睿院士在内的对我国后处理事业做出了毕生贡献的许多老专家都发表了激动人心的肺腑之言。大家一致表示，这次论证会是我国后处理历史上里程碑式的会议，"放化大楼"的建设已刻不容缓，是大家的共同心愿，希望该项目尽快立项，早日上马。

　　回顾 30 多年来的这段不平凡的历史，可以看到三代放化人为争取"放化大楼"立项而奋斗不息的接力过程。到了 1999 年夏秋，终于形成了蓄势待发之势，而王方定在这关键时刻的"临门一脚"开启了"放化大楼"项目立项申请的大门。

　　由以上两个实例可以看到，王方定在古稀之年，还总是在工作最需要的关键时刻挺身而出，以其高瞻远瞩的战略眼光、明察秋毫的分辨能力，及时地给放射化学研究工作以强有力的支持。正如王方定自己所说："夕阳无限好，不怕近黄昏。"这"不怕"二字，凸显出王老师生命不息、奋斗不止、乐观向上的革命情怀。

第七章
学术交流与社会活动

学 术 交 流

1958 年 8 月，王方定赴莫斯科参加和平利用原子能国际青年讨论会。

当时最新的成果是同位素室正好生产出 30 几个同位素，1958 年刚登报，王方定于是写了一个《放射性同位素在中国的制造与应用》报告，带着中文稿去莫斯科参加会议，他也请物理所的郑宗爽将报告翻译成俄文。

王方定被邀请到莫斯科广播电台宣读俄文版的报告。会议期间，各国与会专家相互交流，王方定则代表中国用英文与他们交流。会后王方定还参观了在苏联原子能发展历史中起过关键作用的重要实验室。

图 7-1　在列宁—斯大林墓合影

图7-2 王方定在丹佛 ISEC 会场前

1983年8月24日—9月11日，王方定参加了在美国丹佛召开的国际溶剂萃取会议（ISEC）。会前，8月2日，王方定撰写了《参加国际溶剂萃取会议（ISEC）及参观访问计划》，列了出访时间、预计日程、预计访问内容。4日，研究院同意了这个详细的计划。但因时间仓促，王方定未准备报告。本次会议由美国化工学会主办，来自30多个国家的大学、科研单位、工厂和公司约600人参加会议。会后，王方定参观了两所大学、两个研究所和一个中间工厂，即矿业研究学校、宾夕法尼亚州立大学、阿贡国家实验室、伊利诺伊州工艺学院、哈森研究公司。回院后，王方定撰写了翔实的《参加1983年国际溶剂萃取会议（ISEC）'83情况汇报》，还用英文做了一次介绍萃取会议的报告。王方定认为本次会议的主要收获是了解到在溶剂萃取方面，近年来国际上的主要研究注意力除了在水冶应用方面外，在两相介面动力学的研究上颇为受到关注。但这方面尚是我国的薄弱环节。在新萃取剂研究上，注意力放在如何为实用服务上，具体到核工业的萃取剂上，防辐解、酸解的新萃取剂是研究重点，虽有一些实验室成果，但尚未见于工业实用，原子能院这方面的工作当时能赶上国际上的研究现状。美国有的商业性研究所为工业实践生产服务的目的性很明确，只要在技术上能够做的工作，不大受专业限制，这一点可能对我们开展民用研究有所启发。美国对实验室安全颇为重视。在阿贡实验室处处有剂量监测仪和火灾报警器。对比之下在这方面我们应予以一定投资。

1986年4月，王方定参加了在维也纳召开的国际原子能机构（International Atomic Energy Agency，IAEA）顾问小组（Advisor Group）会，他就"中国的三废处理概况"做了发言。IAEA还出版了一本小册子——《IAEA对于放射性固体废物处理的建议》[1]，王方定参加撰写了固体废物部分。

---

[1] IAEA技术报告系列287号Treatment of Alpha Bearing Wastes。资料存于采集工程数据库。

王方定认为这种会议谈不上有很大收获，倒还不如说把自己知道的那点东西相互贡献一下。

王方定积极参与国内的学术活动。他应邀参加了1993年11月在中国工程物理研究院召开的重点科技领域发展战略研讨会；1997年12月25日，参加了乏燃料后处理科研成果部级鉴定会；还参加了2002年纪念我国首次从辐照元件中提取钋40周年暨钋的应用研讨会等。

图7-3　王方定参加国际原子能机构（IAEA）会议后访问美泉宫

王方定利用各种机会不遗余力地为青年人作报告。在原子能院内只要是与年轻人相关的学术会议、交流会以及座谈会，王方定都一定参加。直到80多岁的高龄，他还每年坚持和年轻人座谈1次，作报告1次，而且报告的演示材料（PPT）都是自己认真去做，不需要年轻人帮忙。每张PPT上都不会出一点儿文字和论述错误。王方定还记得第一次报告是张恩琇任化学部书记时组织的为化学部青年团员做的报告。报告场地条件很简陋，在高度很低的房间里举行，即使这样他也很愿意作报告。只要给年轻人讲，他就很愿意，因为他懂得年轻人调动起来了潜力是无法估量的。

王方定在九院工作的经历给他留下了深刻的印象。他第一次做成原子弹点火中子源时，年龄算是最大的，36岁，而他手下都是1958届、1959届的大学毕业生，二十几岁，不到30岁。正是这些年轻人胆子特大，什么都敢干，只要把他们动员起来，很好办事，所以王方定对青年人一直充满信心。他愿意做这样的宣传是因为他认为自己对共产党非常地崇拜，他觉得没有共产党就没有新中国，没有共产党就没有他的今天。王方定为年轻人做报告，不仅有具体探讨科研技术问题，同时还有如何撰写科技文章的话题。因为他看到有些同志的文章写得实在不怎么样。有一次他看到年轻同志处理数据不规范，这样就启发他要给青年做一个数据处理的报告，而他做这个报告的时候，都是联系到自己数据处理过程。

下面是王方定所做报告情况：

1998年9月8日，在核工业研究生部举办的锕系元素化学和工艺研究室举办建室40周年学术报告会上，作《放射化学诊断学》报告。

2001年10月3日，在原子能院放化所作《实验数据处理讲话》报告。

2002年7月13日，在原子能院放化所作《核燃料及锕系元素》报告。

2006年3月7日，在北京大学应用化学系向研究生作《放射化学与核能》报告。

9月28日，在原子能院放化所作《放射化学》报告，介绍了为放射化学作出卓越贡献的科学家，如何发现放射性衰变的规律和核裂变、天然核反应堆等内容。

2008年4月15日，应邀用英文在原子能院放化所作 Lecture on radiochemistry 报告，介绍了放射化学方面的大家及其贡献。

10月8日，作《101堆是开展放射化学研究的利器》报告，介绍了101堆在开展放射化学研究方面的作用以及自己使用101堆辐照情况。

2009年5月18日，应原子能院科技委邀请，作《放射化学在核能发展中的贡献》报告。

2010年6月28日，应邀作原子能院院庆60周年高端学术论坛系列讲座《可再生能源》。

7月13日，在原子能院放化所作《核/放射化学诊断方法》报告。

2011年4月29日，在原子能院放化所作《怎样写好科技文章》报告。

学术交流之余，王方定也多次应邀在学术刊物、学术机构担任兼职。

以下是部分王方定的学术兼职情况：

1985年2月16日，国务院学位委员会第二届学科评议组（原子能科学与技术分组）成员。

1988年5月20日，国家自然科学基金委员会第二届学科评审组成员。

1992年4月20日，国务院学位委员会第三届学科评议组（原子能科学与技术评议组）成员。

1995年3月10日，国家同位素工程技术研究中心工程技术委员会主任委员。

1996年8月15日，中国原子能科学研究院学术顾问委员会委员。

10月，中国核学会核化工分会第四届委员会顾问。

1997年1月21日，《国防高科技丛书·核武器卷》编委会副主任委员。

1997年5月，中国核化学与放射化学学会第五届理事会理事长。

1999年4月5日，国防科工委专家咨询委员会委员。

7月16日，中国原子能科学研究院博士生导师。

10月22日，中核集团公司第一届科技委高级顾问。

2000年5月8日，中国原子能科学研究院发展战略策划组专家。

2001年11月2日，《中华人民共和国大典》学术委员会主任委员。

2006年5月15日，《乏燃料管理及后处理》编委会名誉主任。

2007年8月，中国核学会核化学与放射化学分会第八届委员会名誉主任委员。

9月，原子能院放射化学研究所核化学专业专家组成员。

2008年1月，中国核电杂志学术委员会委员。

11月20日，北京大学放射化学与辐射化学国防重点学科实验室学术委员会主任。

2009年1月1日，《原子能科学技术》2009—2012年度编辑委员会顾问。

2010 年 10 月 28 日，南开北京校友会顾问。

为了将国际上先进的核燃料后处理科学技术系统地介绍到国内，汪德熙克服了 20 世纪 80 年代出版核科技书籍的重重困难，组织专家翻译了百余万字的《核化学工程》。王方定作为第二译者参与翻译，介绍了核动力的化学工程问题、核反应、核反应堆燃料循环、金属—溶剂萃取等内容，于 1988 年 8 月由原子能出版社出版，成为核燃料化学、化工界一本重要的参考材料。

1991 年，王方定在《现代化》杂志发表了《放射化学的今天与明天》一文，写到：放射化学领域广阔，放射性元素是发展核能源的关键原料，核化学为发现重要的物理现象立下了功劳，放射分析方法是窥探微量物质的眼睛，放射性核素在国民经济上有广泛的应用前景，放射化学学科发展方兴未艾。

作为第九届全国政协委员，应《北京政协》编辑部邀请，于 1998 年 7 月 15 日，王方定在《北京政协》上发表《当代核工业的和平利用》一文，阐述了我国在核能和核技术的和平应用上取得的成绩。他写道：

> 我国具备开发核武器、核电站的科学技术实力，具有一整套比较先进的核燃料循环体系，具备在国民经济各个领域应用核技术的能力。这些宝贵财富是在老一辈革命家的关怀下，老一代科学家的辛勤工作、具体指导下，和全国各方的支援下建立发展起来的。国家经济的高速发展为核能开发和核技术应用提供了新的机遇和挑战。在新形势下我国核工业必将克服前进中遇到的困难，为经济建设和国防建设做出新的贡献。

奖 励 荣 誉

王方定的科学研究成果得到了学界和社会的高度评价和肯定。他所获得的各种科技奖励集中体现了学界和社会对他的科研成就的充分肯定。
1953—1958 年，王方定承担了钽铌酸盐型铜矿分析工作（国产 1 号铀矿石分析）和磷酸盐型铀矿分析工作（国产 2 号铀矿石分析），认识到国产磷酸盐型铀矿石含铀品位高，处理简便，有开采前途。该成果获得科学院科学奖。

1960—1963 年，王方定作为组长，完成了点火中子源的研制，被多次用作核弹的核点火部件。与本项目有关的研究工作两项获全国科学大会奖。1964—1978 年，王方定开展的核武器试验中的放射化学诊断工作先后用于十余次核爆炸试验的核素分析测量。

王方定的部分科技成果获奖见下表。这些获奖每一项都包含着科技工作者的汗水和智慧，充分说明了王方定科学研究的成就。

1978 年，全国科学大会奖。

王方定作为第一发明人，"快速测定裂变燃耗的气体裂片法" 1987 年获国家发明奖三等奖。

"裂变燃耗放射化学诊断方法" 1989 年获国家发明奖二等奖。

1993 年 12 月，作为主要参加人的项目 "Purex 流程中锆的萃取行为研究" 获核工业部科技进步奖三等奖。

2002 年 11 月，作为主要参加人的项目 "核燃料后处理过程中 U-Pu 分离和 Pu 净化浓缩改进及微型混合澄清槽研制" 获国防科学技术奖一等奖。

2003 年 9 月，作为主要参加人的项目 "N，N- 二乙基羟胺在 Purex 流程中的应用研究" 获国防科工委科学技术奖三等奖。

2004 年 1 月 20 日，作为主要参加人的项目 "核燃料后处理过程中 U-Pu 分离和 Pu 净化浓缩改进及微型混合澄清槽研制" 获国家科技进步奖二等奖。

2008 年 11 月，作为主要参加人的项目 "长寿命裂变产物核素 Sn-126 的半衰期和热中子反应截面的测量研究" 获中核集团公司科技奖一等奖。

12 月，作为主要参加人的项目"长寿命裂变产物核素 Sn-126 的半衰期和热中子反应截面的测量研究"获国防科工委科学技术奖一等奖一项。

2009 年 11 月，作为主要参加人的项目"^{95}Y、^{138}Cs、^{91}Sr、^{142}La 四种短寿命裂变产物核素制备方法研究"获中核集团公司科学技术奖。

1991 年 11 月，王方定当选为中国科学院学部委员。这是对王方定科技成就及学术地位的肯定。

此外，王方定还被评为全国优秀科研工作者、中央国家机关优秀共产党员、多次被评为核工业部、中国原子能科学研究院劳动模范、优秀党员等。

1981 年 4 月，401 所 1980 年度优秀党员。

1982 年 3 月，401 所 1981 年度优秀党员。

1983 年 4 月，原子能研究所 1982 年度优秀共产党员。

1986 年 7 月 1 日，核工业部优秀共产党员称号。

1986 年 7 月，中国原子能科学研究院优秀共产党员称号。

1990 年 6 月 29 日，中央国家机关优秀共产党员称号。

2001 年 7 月 1 日，中国原子能科学研究院优秀共产党员称号。

2009 年 12 月 30 日，原子能院放化所荣誉职工。

1984 年 4 月，原子能所模范科技工作者。

1985 年 9 月 25 日，中国原子能科学研究院劳动模范。

1985 年 11 月 1 日，核工业部劳动模范。

1990 年 8 月，全国优秀科研工作者称号和"五一劳动奖章"。

1984 年 10 月 16 日，原子弹爆炸 20 周年荣誉证书。纪念我国第一颗原子弹爆炸成功 20 周年纪念章。

1985 年 10 月，从事核工业建设荣誉证书。

1988 年 10 月 1 日，献身国防科技事业 30 年证书和奖章。

社 会 活 动

参加优秀知识分子报告团

1990 年，根据中央领导指示，团中央组织了一个"奋斗者的足迹"知识分子报告团。报告团的主要任务是通过在北京市高等学校的演讲报告活动，宣传我国知识分子中先进模范人物的亲身经历和成长道路，树立我国知识分子的榜样，振奋知识分子精神，教育广大青年学生热爱党、热爱社会主义祖国，刻苦学习，奋发向上，自觉走与实践相结合，与工农群众相结合的成长道路，努力为我国社会主义现代化建设贡献力量。经有关国家部委推荐，并经王方定所在的主管部门同意，团中央邀请王方定参加该报告团。演讲报告围绕中国知识分子在振兴中华、建设四化①的事业中应当在有作为，可以大有作为这一主题，王方定结合自己个人的亲身经历和经验体会讲述个人成长经历，怎样选择成长道路，怎样顽强拼搏，艰苦创业，怎样看待国家目前存在的困难，本学科的创业史和发展前景及对人才的需求。

1990 年 3 月 3 日，共青团中央办公厅邀请王方定参加"奋斗者的足迹"报告团，花甲之年的王方定欣然答应。当时一共有 15 个人，分成五个小组，每组三人，大家分头作报告，讲述自己为祖国为人民艰苦奋斗的经历。王方定在全国各地作了 70 余场报告，宣传科学理念，教育和鼓励青年献身科学事业，深受广大青年的爱戴和欢迎。3 月 26 日，王方定被共

---

① 指四个现代化，即工业现代化、农业现代化、国防现代化、科学技术现代化。1954 年召开的第一届全国人民代表大会，第一次明确的提出要实现工业、农业、交通运输业和国防的四个现代化的任务，1956 年又一次把这一任务列入党的八大所通过的党章中。1963 年 1 月 29 日，周恩来在上海科学技术工作会议上讲话指出：我们要实现农业现代化、工业现代化、国防现代化、科学技术现代化，简称"四个现代化"。1964 年 12 月第三届全国人民代表大会第一次会议上，周恩来根据毛泽东建议，在政府工作报告中首次提出，在 20 世纪内，把中国建设成为一个具有现代农业、现代工业、现代国防和现代科学技术的社会主义强国，实现四个现代化目标的"两步走"设想。1983 年 7 月 20 日，中央领导班子提出要实现"四化"。

青团中央聘为"中国青年思想教育中心"特邀报告员，在中南海怀仁堂受到江泽民总书记及其他中央首长的接见。当天，王方定在北京展览馆剧场举办的"奋斗者的足迹"知识分子报告团首场报告会上第一个作报告。4月7日，在光彩体育馆举办的"奋斗者的足迹"知识分子报告团报告会上作报告，讲述参加我国核武器研制的工作经历。

郭景儒回忆说："王方定还与汪德熙一块参加了'奋斗者的足迹'报告团。他的态度也很好，现身说法，起了很好的作用。因为汪德熙先生的很多工作没有在一线做，而王方定结合他在一线具体的国家的绝密任务取得的成绩，更有说服力。"[1]中央电视台播放了《"奋斗者的足迹"报告会》以后，宁波、绍兴、安徽、自贡等地都来邀请王方定去作报告。10月4日，中共自贡市委员会致信邀请王方定赴家乡自贡作报告。信中写道：

> 四川自贡籍研究员王方定同志所作的报告在我市科技界、教育界人士及广大市民引起了强烈反响。王方定同志的爱国主义、为我国社会主义事业、科学技术发达而无私奉献精神使我们深受感动和教育。为了把我市的社会主义、爱国主义教育引向深入。我们特邀请贵院王方定同志回故乡为全市人民作几场报告。[2]

于是 1990 年 10 月，王方定返回自贡家乡为母校自贡蜀光中学等作爱国主义报告。10月19日，他回到母校自贡蜀光中学参观，并作爱国主义报告。

为进一步加强对青年大学生的思想政治教育，1991 年 5 月 6 日，国家教委直属高校工作司、共青团中央学校部联合组织优秀知识分子报告团，5 月 13—30 日赴石家庄、信阳、南昌、大连四所陆军学院，为在那里接受军政训练的北京大学、复旦大学 1990 级学生及当地青年巡回作了报告。王方定也应邀参加了优秀知识分子报告团，并随团前往作了报告。1991 年10 月 26 日，王方定应邀在四川轻化工学院作爱国主义报告。

---

[1]　郭景儒访谈，2014 年 5 月 9 日，北京。资料存于采集工程数据库。
[2]　摘自中共自贡市委员会写给王方定的信。信件，1990 年。存地同上。

王方定说：

这是一个很好的宣传机会。干我们这一行的人从前谁都不知道的人，现在提供了这么大一个场面，你可以随便去说，这是个好机会宣传宣传，我从来没有感觉到麻烦过。1991 年，那时候大学生要军训一年，后来又请我们到四个军校去讲，结果很多人都没去，可是这四个军校我都去了，到石家庄、大连、南昌、信阳给这些大学生作报告。其实那时候我讲多了也很累的，但是我没有厌烦过。[①]

王方定所作报告名单

序　号	报告时间	报　告　地　点	听　众
1	1991 年 5 月 16 日	大连理工大学	1400 人
2	1991 年 5 月 17 日	大连陆军学院	700 人
3	1991 年 5 月 21 日 上午	南昌陆军学院	800 人
4	1991 年 5 月 21 日 下午	江西师范大学（南昌市 15 所大专院校）	1500 人
5	1991 年 5 月 24 日	信阳陆军学院	600 人
6	1991 年 5 月 27 日	石家庄陆军学院	
7	1991 年 5 月 30 日	四川大学	400 人

王方定在"奋斗者足迹报告团"的讲稿[②]中写道：

我是一个平凡的人，幸运的是 1953 年我参加了我国原子能科研工作。从那以后，我和千万个从事原子能事业的同志一起，经历了我国核工业从无到有的发展过程。今天，我国已经具备了全面的核工业体系，建立了有限的核武装力量。看到自己在这个伟大的成就中，也曾

---

① 王方定院士访谈，2014 年 6 月 18 日，北京。
② 王方定："奋斗者的足迹"报告发言稿。手稿，1990 年。资料存于采集工程数据库。

经做出过一点微薄的奉献，是十分高兴的，我也为此感到自豪。回想在我刚参加和原子能有关的研究工作时，我国的原子能事业只有一个百人左右研究所，缺乏先进的仪器设备。我所从事的放射化学工作，也只能以科学家从国外带回的铀矿石和天然放射性元素作研究对象。而我国面临的对手，是由原子弹武装起来、并且在第二次世界大战中使用过原子武器的美国。新中国成立不久，美国就对我国实行经济封锁，武装干涉，直到用原子弹进行威胁。1950年，美国第七舰队进驻台湾海峡，侵朝美军打到鸭绿江边，扬言鸭绿江不是中朝国界。他们正沿着日本帝国主义走过的路向新中国扑来。当中朝人民军队把美军赶回到三八线附近后，侵略军总司令麦克阿瑟曾向美国总统建议对中国实行核袭击。用30—40颗原子弹攻击中国人民志愿军和中国的东北地区。美国的总统以及国务卿杜勒斯也计划先制造舆论，然后动手。在这样严峻的情况下，中国人民和世界和平运动人士迫切希望中国能够掌握原子弹的秘密。第一个五年计划开始不久，党中央就着手抓了有关发展原子能的工作。1955年，中央书记处作出了中国要发展原子能的决策。以后又具体地组织全国各行业，共同协作，终于依靠自己的力量，成功地完成了一系列核爆试验，建立了有限的核武器力量。

我是1958年从中国科学院原子能研究所调到刚刚成立的核武器研究所从事放射化学研究工作的，那时，我国的经济实力和科技实力比起现在要差得很多。为了尽快掌握制造原子弹的秘密，曾把希望寄托在苏联的援助上。1957年，中苏签订了《国防新技术协定》。议定苏联应在1958年11月向中国提供原子弹教学模型和图纸资料。

武器研究所成立后，调来了一批58届的大学毕业生，其中学习化学的十余人和我一起组成了放射化学组。大学生们的任务就是做好接收消化苏联提供的有关资料的准备。除了全心全意在业务上学习放射化学知识外，还向一名分到我们组里的俄语教员学习俄语，以提高俄语水平。大学生们也帮助俄语教员学习业务。大家以为有苏联援助，我们掌握原子弹的秘密已指日可待。而且，我们这些年轻人，还指望从中学习，得到提高。可是《国防新技术协定》始终未能实现，对原子弹的秘密我们仍一无所知。1959年6月，赫鲁晓夫正式拒绝向我国提供援助，年轻人的愿望全部落空了。

这时，党中央提出要自力更生，让我们以自己的力量来建设我国的经济和国防。核工业部也提出了"自力更生，过技术关，质量第一，安全第一"的口号。我们这个年轻的研究群体，就在我国自己的科学领导人的组织指导下，开始了新的战斗。

我们这个组被派参加第一个原子弹用的点火中子源材料的研究。原子弹是许多部件组合而成的，而点火中子源是重要部件之一。这种中子源是用来引发核爆炸的，它在平时不发出中子，只在需要点燃核链式反应时才发出需要的中子。因此，对它有严格的要求。

任务是具体明确的。但它的完成并不用个人能提出多少篇高水平的研究论文来衡量，而是要用在关键时刻它能不能出中子来衡量。这对我们过去所受到的训练或人们以我们的评价标准来说，都是新事物。何况，我们是一个年轻的群体，除了我是30岁的大青年以外，其余都是廿二三岁的小青年，希望能找到一点暗示。但是却没有什么收获。

那里，除了做业务（叫做务实）以外，我们还常常务虚。就是给思想上鼓干劲。我们都很明白，我们所从事的工作意义重大，它和我们的国威、军威息息相关。外交部部长陈毅元帅说过，如果中国掌握了原子弹将如虎添翼，外交谈判也就更好进行了。这给我们以很大的激励。在业务上，我们又从对中子源性质进行分析中了解到，中子源在一般情况下并无特别的新原理，只要能产生中子的核反应都可以用作中子源。如果我们在工作中重视质量，在工艺上精益求精，做出合乎要求的成品是完全可能的。在这种革命精神和充分的科学根据下，我们树立了信心，并且提出来，一定要和时间赛跑，决不成为整个原子弹工程进程中的障碍，决不把时间耽误在我们手里。

虽然我们的愿望是好的，但是，摆在我们面前的备件却是一片空白。我们研究的对象是具有强化学毒性和放射性的物质，不能在和环境相通的情况下操作，必须在严密封闭的情况下才能进行工作。当时，我们连一间合乎要求的放化实验室都没有，更不要说实验设备了。为了和时间赛跑，我们便着手建立一个简易的放化实验室。这个实验室是用毛竹做梁、柱，用秫秸、黄泥做墙，用沥青油毡做顶的简易工棚，虽然其貌不扬，但里面还是按当时的条件设置。用油漆漆墙面和天花板，用橡皮板铺地。实验所需的封闭设备，是用的同志们捡回来的两个废弃的手套箱，加上减负通风设备而成。前后只用了一个月的时间就把实验条件初步建立起来了。

这种粗糙的实验条件，自然有许多不足之处，但是，人的主观能动性能够补充一些不足。手套箱的密封性能不好，我们就加强个人防护，每个工作人员穿上两层工作服和双层橡皮手套，口部戴上大口罩。安全人员带着探测仪器随时在我们身边进行监测，共同研究更好的防护措施。一次，我没戴口罩操作，安全人员及时检查出我面部受到污染，及时采取措施防止了污染的扩散。

工棚的防寒绝热性能很差。夏季，穿上一身防护服，挥汗如雨，冬天，又冻得不行。尤其是寒冷的三九天，工棚里仅靠取暖电炉供暖，室温只在零上几度，人在里面工作是很难熬的。更困难的是化学工作离不开水，洗涤器皿、配制溶液，都用水。可每次工作结束，工棚里面水都冻成冰连自来水管也被冻裂。他们用放空法战胜了冰冻。每天工作完毕，我们就排空自来水管的水，以保护水管；把化学实验室用的各种溶液搬到有暖气的地方。一个个困难被克服了。我们从不懂到懂，不断地积累经验，最后，完全掌握了工艺，生产出了比原定设计要求更高的成品，实现了我们原来提出的决不能因为我们工作的延迟而拖了整个工作的后腿的诺言。

中子源的工作完成以后，他们就被通知去西北核武器研制基地。基地建在青海高原。这里海拔3200米以上，是一片大草原，人们就简称"草原"。"草原"天气寒冷，年平均温度−4℃，气压低，水的沸点不到90℃。自然条件恶劣是早已为人所知的；再加上要把北京户口带出，给我们带来了不少困难；户口一迁出，北京人口少了，住房指标也就减少了；女同志户口迁出北京，再生孩子就只能报西北户口了，所以，在人们思想上难免发生波动。那时，我是两个孩子的父亲，小女儿刚出世半个月。得到通知后，心里的确是很发愁的。也有人给我提出可以想办法留在北京。可是我眼看到许多困难比我更大的同志毫不犹豫地去草原；想到自己是共产党员，很快就把情绪稳定下来，到了研制基地。

到草原后，更体验到有许多困难是我们不曾想到的。这里一年到头脱不下毛衣，离不开棉衣，馒头蒸不熟，蔬菜也很少；人，一列车一列车地来到草原，可是，没有那么多的房屋，不少人只好住在简易的地窝子（我们戏称地下宫殿）或帐篷里，连夫妻都要分居，只有假日一起到大草原上散步才团聚一会；厂区间的公路没有通，每天上下班都坐大卡车在草滩上颠簸着。衣食住行都需要重新适应。更难的是身体的适应要过两关。首先是高原缺氧反应。一到草原，我就觉得头疼。休息两天以后才逐渐适应。其次是鼠疫。这里是游牧区，盛产旱獭和老鼠，因此是鼠疫传染区，大家都要打鼠疫防疫针。这种针反应很大，我打了一针，发烧到39℃以上，躺了三天，就像害了一场重感冒。这两关过去了才算在草原上站住了脚。一站住了脚，我们就立刻投身于工作中去。

虽然我们的研究所在十分偏僻的大草原上，可是实验室的条件已远不是工棚水平所能比拟的。在当时，可以说是很先进的。在这里，我们终于完成了第一颗原子弹的研制工作，并且继续进行了以后多次核武器的研究工作。当年即使是很普通的工作，现在回味起来也是很有意义的终生难忘的。我曾经在第一原子弹爆炸之前，参加过称量核炸药的工作。虽然只是普通的称量，可是又有多少人有机会用自己的双手去抱过核炸药呢？

1964年下半年，正值第一颗原子弹爆炸前的紧张准备阶段，由于当时的国际形势，我们在进行实验工作的同时，也要做战备准备。我们也组成民兵建制，做过多次防空演习。当年在核武器研究基地一起战斗过的同志们，已经受住了"一不怕苦、二不死"的严峻考验。20

年后，1984年，当年在大草原并肩战斗过的同志们，每人都获得了一枚镀金纪念章，这是当之无愧的！

1964年10月16日北京时间下午3点，我国第一颗原子弹爆炸成功了！当天下午4点，周总理在人民大会堂宣布了这个好消息。全国沸腾了，全世界也被震惊了。美国总统约翰逊连夜召开白宫紧急会议，和美国原子能委员会的专家们研究中国原子弹的情况。当天约翰逊说"今天最大的新闻是在华盛顿时间早上3点，红色中国在大气层爆炸了一颗原子弹。但中国的原子弹是一个粗糙拙劣的装置，中国还需要经过一段漫长的路程，才能积聚一些可靠的武器及其有效的运载系统。"美国人还估计，中国爆炸的是一个钚装置。事实上，我国第一颗原子弹在理论、结构设计、各种零部件、组件和引爆系统的设计和制造上，以及各种测试方法和设备方面都达到了相当高的水平。在原理上，是采用的先进的内爆法；它采用的是铀-235做核炸药，标志着我国已经掌握了重同位素分离这样的尖端技术（至今也只有少数国家才掌握了这种技术），这表明在中国当时的条件下，已经能够迅速发展核武器。因此，它决不像美国估计的那样只是一个粗糙的装置。

10月16日以后，美国紧跟着我国第一颗原子弹产生的放射性微尘追赶侦察。他们报道说：中国的放射性云向东漂流，10月17日到达日本，18日到阿留申群岛，19日北太平洋，20日到美国西部。经过分析研究，他们才判断出来，中国炸弹是用铀-235做核炸药的，并且采用的先进的内爆法原理。但是对我国发展核武器的总估计仍认为要走一段路。事实上，到1965年5月我国就完成了核航弹试验，1966年10月又成功地进行了导弹头命中目标的试验。这种试验的成功，说明我国的运载系统是可靠而有效的。难怪若干年后，美国的一些核专家和评论家在回顾当时美国政府的认识时说：当时，美国政府在为中国爆炸一颗原子弹而召集的白宫紧急会议上，对中国核武器的估计，是以错误的评价和错误的预言之多而著称的。

从原子弹爆炸到氢弹爆炸成功，美国用了7年4个月，英国用了

4 年 7 个月，苏联用了 4 年，法国用了 11 年半的时间。而我国仅用了 2 年 8 个月。在法国氢弹爆炸成功之前，就成了世界上第四个掌握了氢弹的国家。而且，我们的氢弹是一个 1 吨重的航弹，不像美国第一次热核爆炸那样，是一个 65 吨重的火车头般的装置。

青年们，我国在核事业上取得的成就是巨大的，但也是来之不易的。核科学技术是一门多种学科、技术的综合技术，是国家经济实力的重要反映。一个国家只有全面系统地建立起核工业体系以后，核武器才能提到日程上来。可是，在不长的时间里，我们却建立起来了，并且集中地反映到原子弹、氢弹爆炸成功上。这是在党的统一领导和组织下全国各行各业大力协同、军民团结共同奋战的结果。在十分艰苦的条件下，人们以苦为荣，为能赶上为国防现代化事业贡献力量而庆幸。那里没有奖金、没有奖章，可是人们自觉地把党和人民的需要作为衡量一切事物的最高标准，有着充分的精神世界。而把原子弹爆炸成功看作是对我们的最高奖赏。

从第一颗原子弹爆炸到今天，已经 26 年过去了。26 年来，尤其是十一届三中全会以来，我国的核工业有了更加深广的发展，转向重点和平利用原子能，开始了新征途。我国自行设计、自行建造的秦山核电站将在今年年底发电，大亚湾核电站的建设也在紧张地进行。核技术和同位素在工、农、医、科研等领域也得到越来越多的应用，核科学研究本身也在继续深入开展。情况早已是今非昔比了。可是回顾创业初期的艰辛，我们这一代新中国成立不久党培养出来的大学生，没有辜负祖国、人民、父辈和师长的教育和培养，没有辜负他们对我们的希望，在为我们伟大的祖国的国防现代化事业中，奉献出了自己宝贵青春年华，也在震惊世界的成就中实现了自我。当到了该把我们曾为之奉献过的事业交给新一代的青年同志时，我们是问心无愧的。当然，在前进的道路上必将会遇到新的困难，但我相信：只要拿出自力更生艰苦奋斗的精神去战斗，困难是吓不倒中国青年的。

胜利属于伟大的青年一代！

王方定还于 1982 年 8 月当选为党的十二大代表，9 月 1—11 日，参加了第十二次全国代表大会。会后，撰写了《核工业部参加中国共产党第十二次全国代表大会传达稿》，并先后在核工业部机关及成员单位向全体党员传达了会议精神。1993 年 3 月 1 日，当选第八届全国政协委员。1998 年 1 月 22 日，当选第九届全国政协委员。并于 3 月，参加了第 9 次全国政协会议。2000 年 3 月 3—11 日，参加九届三次政协会议，为此撰写了《九届三次政协意见》，提出了医疗改革既要杜绝浪费又要关心群众；开发西部要以人为本。

王方定还应邀出席国家、核工业以及核科研机构举办的各种纪念活动。下面是王方定参加的部分活动情况。

1984 年 10 月 17 日，应邀出席 902 所纪念原子弹爆炸成功 20 周年大会，并讲话。

1985 年 9 月 27 日，参加原子能院建院 35 周年，十室成立 30 周年聚会。

1991 年 10 月 16 日，参加二九（北京）联谊会成立 35 周年和郭英会同志 70 岁纪念庆祝会。

1999 年 10 月 1 日，应邀出席新中国成立 50 周年庆典活动。

2000 年 2 月 20 日，参加在廊坊召开的"二九"（京廊）联谊会第三届第一次会议。

2000 年 9 月 26 日，出席原子能院举办的王淦昌像揭牌仪式。

9 月 27 日，出席原子能院建院 50 周年庆祝大会。

2004 年 10 月 15 日，出席第一颗原子弹爆炸成功 40 周年中央军委座谈会并发言，回顾了参与研制我国第一颗原子弹的工作经历。

10 月，出席中核集团公司纪念我国第一个原子弹爆炸成功 40 周年大会并发言。

2005 年 2 月 3 日，出席原子能院领导与院士座谈会。

2007 年 5 月 23 日，出席在原子能院举办的纪念汪德熙百年诞辰座谈会并发言，回顾了与汪德熙交往的经历，以及对自己的帮助和影响。

5 月 29 日，在原子能院参加王淦昌墓祭扫活动。

6 月 17 日，出席中国核工业集团公司纪念氢弹爆炸成功 40 周年座谈会并发言，回顾了我国氢弹研制的有关历史。

3 月 20 日，参加原子能院放化大楼负挖典礼。

12 月 11 日，参加在原子能院举办的"一堆一器"50 周年纪念大会。

2010 年 4 月 23 日，应邀出席北京大学放射化学专业建立 55 周年庆典大会并讲话。

12 月 15 日，出席肖伦诞辰 100 周年纪念活动。

2013 年 10 月 16 日，出席在原子能院举办的钱三强百年诞辰回顾展开展仪式并发言。

晚年的王方定还多次撰文、题词纪念共事过的领导、同事，回顾与之交往的经历及对自己的影响。下面是部分纪念文章及题词。

2003 年 11 月，撰写《恭祝李毅同志九十华诞》，回顾了与李毅交往的经历。

2004 年 10 月，撰文《首次核爆 40 周年缅怀钱三强先生》，记录了在原子弹研制工作中，钱三强对王方定的影响。

2005 年 11 月，撰文《纪念肖伦先生》，回顾了四十多年来肖伦对原子能事业做出的贡献，对年青一代的培养以及对自己的关心和帮助。

2006 年 8 月 11 日，撰文《鞠躬尽瘁、贡献毕生——沉痛悼念汪德熙先生》，回顾了汪德熙为我国化工、特别是核化工事业做出了开创性重大贡献。

2008 年 3 月，撰文《殚尽心血　力挽狂澜——忆李毅同志在 221 厂》，纪念李毅同志。回顾了在 221 厂工作时，李毅对他的关心与影响。

2009 年 4 月，撰文《半世纪战友情难忘》，恭贺傅依备 80 华诞，回顾了与傅依备工作的经历及对自己的影响。

2010 年 8 月 20 日，发表《开创核燃料研究　培育放化界英才——

恭贺杨承宗先生百岁华诞》，回顾了杨承宗对年轻人的培养，科研工作以及对自己的影响。

10 月，撰文《科学英才 长者风范》，恭贺唐孝威 80 华诞，回顾了与唐孝威工作上的合作以及日常交往。

2011 年 2 月，撰文《临危受命、功绩昭著——悼念朱光亚同志》，回顾了与朱光亚的交往经历及对自己的影响。

2011 年 12 月，纪念肖伦院士百年诞辰题词：建功国防，开拓民用，无私奉献，教书育人，良师益友，诲人不倦。

2013 年 7 月，为汪德熙先生百年诞辰纪念题词：开创我国核化工事业，培育高科技专门人才。

1994 年 11 月，在核工业系统华北（东北）地区职工文艺汇演中参加的男生小合唱和自创的诗配舞《走向辉煌》及舞蹈《十月是你的生日》获奖。

第八章
"我更喜欢做一名教师"

　　王方定似乎只有两件永远做不完的事：一是科学研究，另一个就是培养人才！作为科学家，科研是王方定的生命；作为教师，培养出更多学生是王方定的事业所在。

　　"文化大革命"后，王方定重返原子能院后，一边做科研，一边带研究生。那时候他才发现其实他更应该去做一名教师，做教师带学生是他一生中最幸福最快乐的事情。从那个时候开始，他一直作了30年的教师。他觉得带学生比搞科研更有兴趣。科研成果，做完就结束了，可是带学生不一样。他是一个不太喜欢处理人与人之间关系的人，学生们跟老师的情感都很真挚，所以他特别珍惜这种真情。学生一辈子都是他的学生，每年都会来看望他，而且随着学生们的成长会不断带给王方定惊喜。学生向他汇报科研上取得的成果与创新，王方定听了以后感到特别满足和幸福。这种学生们在其成长路上给他不断地回馈，是他最愉快的精神享受。

教 书 育 人

　　1979年，核工业部为招收研究生召开了一个座谈会。那个时候王方定

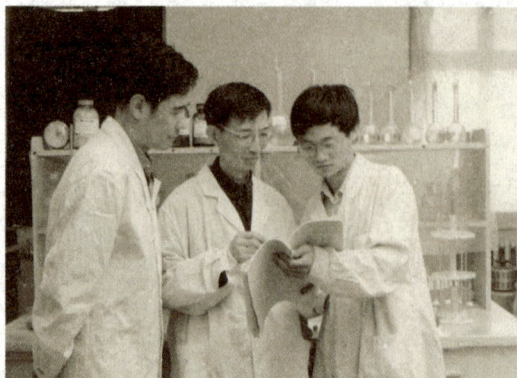

图 8-1　王方定（中）指导孙建国（右）做研究工作

还在九局工作，作为九局的代表参加了这次会议。401所负责研究生工作的袁英珍也参加了这次会议。那时候王方定就知道我国要开始招研究生了。不久王方定就来到了401所工作。

国务院学位委员会组织了若干个专家评议组来评选导师。各个单位将拟任导师名单报至核科学技术学术评议组进行评选，汪德熙在第一任评审组担任评委，结果王方定被评为硕士生导师。

1982年开始准备招收1983年的学生，当时王方定招了两个学生，一个是孙建国，一个是肖光（肖伦的儿子），这两个人毕业于北京大学分析化学专业。后来肖光学完基础课，就出国了。最后，孙建国在王方定这里毕业。1986年7月，第一位硕士研究生孙建国毕业，论文题目《^{235}U 热中子诱发裂变88Y独立产额测定》。

后来为了招收博士生贾永芬，又没有研究经费，王方定因为与九院比较熟，就联合九院的傅依备、张丕禄合带研究生。九院的科研基金专门资助与外面协作单位申请项目。傅依备便从九院的科研基金里申请了六万元钱资助贾永芬进行论文研究，1996年7月，招收的第一位博士生贾永芬毕业，论文《锝的氧化还原反应动力学研究——二价铁、硫氰酸盐还原七价锝》。项目结题后还将成果参评九院的基金会主办的奖项。1996年12月30日，"锝的氧化还原动力学研究"获中物院预研基金一等奖。

学生汇报，老师指导。何辉硕士时学的是分析化学专业，后来跟随导师王方定做放射化学研究，二者差距非常大。开学后，王方定推荐几本书给何辉看，一本是王方定和汪德熙等人翻译的《核化学工程》，何辉现在都要求自己带的学生看这本书，要求学生首先要把这本书弄明白。何辉把《核化学工程》学完以后，又学了《后处理工学》，通过这些学习他慢慢地从分析化学转到了放射化学。

虽然王方定因为年纪大、身体弱等原因，没有亲自给何辉上过课，但是他要求学生每个月来家中汇报一次研究工作。学生刚开始入学时向导师汇报读了哪些好的文献，有哪些新的想法，后期就是工作中存在的问题，取得了什么进展。王方定看到我国在核先进技术尤其核化学以及后处理领域与国外的差距还非常大，他明确要求学生一定要多看外文文献，通过阅读国外的一些文献，才能知道国外现在先进技术在哪些方面，才能把握这个方向和趋势。

学生即使毕业以后，也不定期去王方定家里坐坐，聊一聊工作上的事情。何辉毕业后有一次来到王方定家里说起实验条件比较有限。当时他们的实验室都是 20 世纪 60 年代建设的，到 90 年代已经过去了 30 多年，实验条件非常艰苦，房子很破旧，夏天做放射性实验时，戴上手套，穿上防护服，做完实验手套里面就积攒了一节水。王方定就借机对学生们进行了教育。他说自己在参加我国核武器研制期间，搭了一个临时工棚做钋 −210 中子源。冬天非常冷，夏天非常热，意指他们那时的实验条件更艰苦。王方定让学生们把主要精力放在做研究上，不要过多放在条件上，只要认认真真做工作，条件是次要的，以后可以改善。

2006 年，国家提倡要建一个后处理厂。早在 1998 年，何辉在攻读博士学位期间就开始做无盐试剂的无盐化流程，到 2006 年时已开展了十几年的相关工作。在何辉看来，后处理的工作首先从原子能院开始做，希望能在实际中得到应用。他希望王方定通过他作为院士的影响力，把这件事向前推进。王方定听了这个事情，又向何辉了解了设计院和工厂的最大疑虑。何辉说他们最大的疑虑可能就是试剂的稳定性问题和财务问题。王方定建议何辉根据对方的问题开展这方面的研究，用实验结果打消他们的疑虑。王方定在思路上启迪了何辉，何辉立即申请了一个关于试剂稳定性的课题，将得出的数据提供给设计院和工厂。无盐化流程的 部分在 2011 年通过了一个大实验，这个流程又向工程化迈进了一步，为以后应用打下了基础。

他全程关注学生毕业论文。从论文选题、文献调研到实验方案制定，从实验操作、实验报告编写到论文的书写，从论文答辩到如何作学术报告，王方定都认真细致地指导。

在学生论文选题时，他要求选题要具有基础性，前沿性，并与所在研究室的工作相结合，希望通过博士论文解决科研工作中的重要基础问题和关键技术问题。

关于论文选题，何辉说当时王方定老师一直给学生强调后处理的发展趋势，尽量减少废物的流出，过程要无盐化简单操作。在这个方面，他们开始做了一些基础研究，发现有机的无盐试剂能够简化流程，王方定当时认准了这个方向是一个值得研究的领域，建议学生应该做这方面的工作。在1998年的时候，科研项目不是很多，王方定使用他的院士基金，给学生们买了一些前期的试剂，支持学生做科研，到了后期才申请了一个20万的小项目，从那开始才慢慢发展起来。何辉认为王方定老师对科研的发展趋势、对科研方向的把握非常准确。

在准备论文的过程中遇到问题，学生就定期向王方定汇报。王方定原来在室里工作的时候，很多同事调到科学院、化工大学工作。王方定帮助学生给那些老师打电话，然后学生再找他们帮助解决问题。王方定还亲自指导学生们去看哪些文献。到了何辉做毕业论文实验后期，全室40多人和他一起做，所以王方定又要求学生一定要向大家学习，和大家做好沟通和交流。

王方定对每一个学生的培养都倾注了大量的心血，论文交给他，每一章、每一节、每一页、每一行，甚至标点符号，他都细细推敲。对每一个实验数据的由来，他都要详细询问。他要求每个定义、概念必须准确恰当，做学问要经得起别人的考问，经得住时间的考验，在科学上没有"大约"。

因此，虽然他招收的学生比较少，但是他的学生的毕业论文绝大多数都被评为原子能院的优秀论文。

他心怀学生，时刻为学生的发展考虑。2004年，清华大学希望王方定的学生张生栋去工作。他考虑到孩子上学的问题，有去的想法。王方定觉得张生栋是一个很特殊的人才。他的业务很棒，而且他的管理能力也很强，王方定认为这两者集中在一个人身上是极不容易的。王方定觉得他离开原子能院太可惜了，所以王方定觉得这个人是人才难得，不赞成他走。

王方定就专门给张生栋打电话，畅谈了近一个小时，希望他不要仅仅从个人角度考虑，还要从我国核事业发展的需要考虑。的确，随后几年国家核电安全快速发展，核科技迎来了新的春天，为年轻人施展才华创造了很好的机遇。

2007年，原子能院领导希望张生栋担任放化所所长时，他也征求了王方定的意见。王方定从放化所的现状、面临的问题以及青年人的成才等方面考虑，希望张生栋能够担负起这个责任。同时他也要求张生栋从大局出发，把放化所各研究室的工作一并推进，不能只考虑自己的研究领域，并告诉他年轻人的成长是事业发展的保证，没有人才谈不上事业的发展。

2001年，何辉博士毕业后联系到日本东京大学作三年博士后的研究工作，王方定老师非常支持。2004年何辉博士后研究工作结束，面临回国找工作的问题。当时何辉也在清华等几所高校和研究所中徘徊，但是何辉觉得首先还要向王方定老师征求意见。王方定非常希望何辉能回到原子能院工作。他说国内的核工业要大发展，核电也要大发展，后处理研究工作一定要跟上。他认为在这样好的形势下何辉回到原子能院是有作为的，有用武之地。2004年11月12日，王方定还致信时任原子能院院长的赵志祥，推荐何辉来院工作。他在信中写到：

> 放化所工作平台的建设已经落实，三年后将在那里开始实验工作。及时准备好开展研究工作的条件，已经提上应当考虑的日程。我想除了物质条件和研究题目的准备外，培养和延揽优秀研究人才参加工作，也应当尽早予以足够的重视。所以常将此事记挂心中。现知在我院取得博士学位的何辉（他是我的研究生），在日本东京大学做博士后三年后，计划于明年初回国。在我院学习期间，他从事核燃料后处理中无盐还原剂和计算机模拟后处理化学过程的研究，博士论文被我院评为当年优秀博士论文，并获得一等奖。他独立完成的工作成果，是获得国防科学技术一等奖和国家科技进步奖二等奖的重要组成部分。如果能吸收他回院，将成为一位优秀的学术带头人。因此向院领导推荐，希望能破格聘任他为研究员，争取他能回到我院核燃料后处理研究工

作的队伍中来。①

这样何辉又回到原子能院工作，如今他也在事业上取得了不错的成绩。

王方定所带学生情况

序号	年度	姓名	类别	论文题目	导师	专业／方向	去向
1	1983.9—1986.7	孙建国	硕士	^{235}U 热中子诱发裂变 ^{88}Y 独立产额测定	郭景儒 王方定	核化学化工／裂变化学	
2	1984.9—1987.7	齐占顺	硕士	^{252}Cf 自发裂变产物碲的化学行为研究	王方定 郭景儒	核化学化工／裂变化学	
3		王冬梅	硕士	浸于铀溶液中的 SSTD 效率刻度及其在裂变产额测量中的应用	郭景儒 王方定	核化学化工／裂变化学	
4	1986.9—1989.7	赵欣	硕士	^{252}Cf 自发裂变中 ^{127g}Sn，^{128}Sn，^{127}Sb 累积产额	郭景儒 王方定	核化学化工／裂变化学	留院
5		张艳玲	硕士	^{252}Cf 自发裂变电荷分布：^{133m}Te 和 ^{133g}Te 分累积产额测定	王方定 郭景儒	核化学化工／裂变化学	分外
6	1998.9—2001.7	朱志瑄	硕士	硝酸介质中锝的氧化还原研究	王方定	核燃料循环与材料	留院
7	1993.9—1996.7	贾永芬	博士	锝的氧化还原反应动力学研究——二价铁、硫氰酸盐还原七价锝	王方定 张丕禄 傅依备	核化学化工／裂变产物元素化学	留院
8	1995.9—1998.7	张安运	博士	N，N-二乙基羟胺与 Np（Ⅵ）和 Pu（Ⅳ）氧化还原反应动力学和反应机理的研究	王方定 胡景炘	核化学化工／锕系元素化学	
9	1998.9—2001.7	何辉	博士	N，N-二甲基羟胺在铀钚分离中的应用和计算机程序的开发	王方定 胡景炘	核化学化工／分离化学	留院
10	2001.9—2004.7	张生栋	博士	长寿命裂变产物核素 ^{126}Sn（n，γ）^{127}Sn^{g+m} 反应热中子截面测量和研究	王方定 郭景儒	核燃料循环与材料／裂变化学	留院
11	2005.9—2011.7	赵永刚	博士	人工核环境铀微粒的形态特征研究	王方定	核燃料循环与材料	留院

———————

① 推荐破格聘任何辉为研究员。信件，2004 年。资料存于采集工程数据库。

关心学生的生活。1999 年，何辉在攻读博士学位期间，他的父亲去世了。当时何辉还是一名学生，每个月的生活补贴才 200 多元钱。他回家奔丧时，两手空空。他的哥哥都能带着钱回去操办父亲的丧事，这使何辉受到很大刺激，后来他就有退学的想法。王方定希望何辉能克服困难，他还找到室里给何辉提供补助，把何辉的生活费提高到 400 元钱。年底的时候他还给何辉一些补助，从生活上进行支持，使何辉顺利读完了博士学业。

认认真真做事，老老实实做人

王方定从原子能院恢复招收研究生开始至今，总共培养的硕士生和博士生最多也就十余人，在所有同级别的专家中，应该算最少的。但是他对每个学生都付出了他极大心血和汗水。

由于他的严格要求和细心栽培，他的大多数学生都已成为所在单位的学术技术带头人和顶梁柱，在业内都小有名气。

1998 年，当时何辉硕士毕业的时候打算继续深造。他有朋友在原子能院读书，知道做化学方面研究的有王方定、肖伦、汪德熙等老科学家。何辉无意中在一本杂志上看到介绍王方定院士的文章，虽然不很多，但是，他获得了科学院大会的奖励，还有一个王方定小组。因为没有看到王方定过多的东西，但是他又得到了科学大会奖，然后能当选为科学院院士，那肯定是为国家做出突出贡献。然后何辉致电原子能院研究生科报名，他又给王方定写信，王方定竟工工整整地给他回了信，欢迎报考，信中还提到何辉可以做哪些方面的工作，这样院士级的人物竟能给何辉回信，这使他感到非常激动，所以他一定报考这个老师的研究生。

1998 年 9 月，何辉来原子能院不到一星期，他的师兄带他去看望住在双榆树的导师王方定。王方定询问何辉的情况，对何辉提出了一些希望。何辉印象最深的一句话就是以后要"认认真真做事，老老实实做人"。多年来，导师说过的很多话已经记不住了，但是这句话何辉却记忆深刻。王方定向何辉介绍了室里的胡景忻、林漳基、张先业等老同志都是非常好的老师，一定要多向他们学习。后来，何辉来到室里看到这些老先生都是兢兢业业、非常认真地做事。与这些老先生在一起工作的三年对何辉的影响很大，像胡景忻、张先业当时都是 60 岁，快 70 岁的人，还手把手地带领何辉做实验。

王方定的学生走上了科研岗位，有的还担任了领导。王方定曾勉励他们："做学问也好，做事情也罢，首先要做一个高尚的人。要顾全大局，要谦让荣誉，要有无私无畏的精神。"他这样说，也是这样做的。他一向谦虚谨慎，尊重别人，从不为个人争取名利。他认为所获得的全部奖项，都是与他一起工作、了解他的同事们为他申报的。

罗文宗回忆说：

> 首先王方定是一个老党员，全心全意想为人民做点工作这种思想一直没变，这是我第一个最重要的感觉。他的精神面貌没有变，社会上的风气没有沾染到他身上。他穿衣服都一身朴素，他的工作几十年来都是勤勤恳恳的努力工作。我觉得这种精神都特别值得我学习。他学习努力，善于思考，肯钻研，也善于调查研究。当时准备的时候，他也看了不少日内瓦的国际会议关于核试验的文献，有的好多甚至都翻译出来了，所以他学习调研也是有名的。第二点就是他工作从头到尾认真负责，不计较个人名利，重视质量，要求比较严格的。第三就是他尊重科学，工作作风不是主观的，尊重客观，仔细调查研究，听取别人的经验，寻找多种方案来探索，有的方法反复试验，所以像特种中子源工作，据说做了 900 多次实验才成功，所以这种精神也是惊天动地。他自己为他人，以诚待人，平等待人，讲话很幽默风趣。他是搞放化的，要接触好多外面的人，并且接受任务有好多都是做物理研究的单位，他协作中他总是强调检查自己工作，认真检查自己，有问题自己找问题，总之尽量搞好协作，所以他的为人是非常值得我们学习的。①

---

① 罗文宗访谈，2014 年 8 月 5 日，北京。资料存于采集工程数据库。

学生们从王方定那里学到了很多，首先从精神上，乐观、积极、向上；然后做事要有一个认认真真做事，老老实实做人的处事原则，人要一辈子从这几个方面把好，不管做什么事，不管是否成功，这三个方面做好了，后面做事不敢说有大的成功，也不会有太多的失败。

何辉说有些事情无形中就接受了王方定的影响。他首先要求学生外文文献要阅读扎实，因为这是潜移默化从王方定那里学来的；另外从做事做人方面，何辉也像当年王方定要求他那样对自己的学生提出要求。

现在，何辉所在的研究室还保留着王方定的实验记录本，记录得工工整整，认认真真。他留意翻了一下他的实验记录，发现早在几十年前王方定就把一些现象、存在的问题写得非常清楚，从做实验的记录本就能够看出王方定扎实的学术作风。

搭建青年成长平台

王方定在担任院科技委主任期间，会同原子能院团委组织一起倡议中国原子能科学研究院在每年"五四"青年节时，举办青年学术报告会，并建立院青年科学基金。他们的这个倡议得到院、所和广大青年科技人员的响应和支持，至今已经坚持了20多年。

1987年，为了活跃原子能院青年科技工作者的学术思想，交流科技信息，表彰以青年科技人员为主所取得的具有一定创见的研究成果，进一步调动原子能广大青年科技人员从事核科学技术研究的积极性，王方定在任院科技委主任期间，还担任原子能院"五四"青年学术报告会优秀报告评委会的副主任委员。自1987年4月14日，发出征集青年学术报告的通知后，共有54人参加，提供报告54篇。报告会从5月3日下午开始，至5月5日结束。6月10日，在原子能院召开了首届"五四"青年学术报告会优秀报告授奖、老科学家会见青年科技人员大会，王方定在大会上讲话^①。他说：

　　我参加了四个组的学术报告会。我觉得在两天半的青年学术报告会中，使我也学到了很多东西。我感觉到我院，我们原子能事业是大有希望的。这个希望在这次"五四"报告是一个很好的体现。因为在这次报告会上有各个方面的报告都在这次报告会中展示出来。有理论的，有实验的，有运行的，有应用的等。很多情况我原理没有估计到。比如，我听了一位同志的报告。他是 101 堆搞运行的。这位青年同志在报告中，把 101 堆这几年运行中他亲身体验的，可能发生事故的隐患，作了非常细致的分析，而且一步一步地分析下去，提出了反应堆运行中应注意哪些事情。说明一个运行工作只要认真钻研，还有许多工作可做的。我听了许多报告题目都不记得了，可是这个报告题目我记得很清楚。他的题目是《从苏联切尔诺贝利核电站事故看我们101 的隐患》。还有我听到一位同位素所的同志的报告。他是学物理的。他到我们院以后，他的工作基本上是做化学范畴的工作。在我遇到的不光是青年人，包括年纪大的同志，他们做一个工作与自己的专业不对口以后，总是不愿意去钻研，而是干了 5 年，10 年，15 年，甚至 20 年以后，还在那里说，我就是专业不对口。可是这个同志不是这样的。他来院工作了几年，他是学化学的，他做了化学工作。可是他一面认真学习化学知识和经验，另一方面他把物理知识很好地与化学融合在一起了。因此，他做出来的工作是具有很高水平的。我们化学人员做不到那个水平。因为我们的知识缺乏了那一大部分。可是他做得非常好。这方面例子很多很多，所以我觉得通过这次学术报告会检阅了我们青年的学术队伍。通过这次检阅，给了我很大信心。……当初王老（王淦昌）带领了一些年轻人去青海时，王老带去的胡仁宇、唐孝威这些都是 35 岁以下的。可是这些年轻人去了以后，当时王老就是将七厂区交给这些人。这个七厂里还分了许多室。每个不到

　　① 王方定在首届"五四"青年学术报告会上的讲话录音整理稿。档案，1987 年。资料存于采集工程数据库。

35 岁的人领导着一个工号。在那里工号和室是比较集中的。这些年轻人现在都已经 50 多岁了。现在回想起来，给他们的成长创造了一定的条件。因此，我想对青年同志说，不要认为我还是小青年，有你们老头在上面顶着，我可以随便放松一点，或者可以想点别的。对年纪大点的同志来说，应该认识到压的重担，是我院目前最主要的任务。就看你敢不敢把重担压给 20 多岁，30 多岁的同志，而不要抱怨我们的事业脱节了。……我所接触的院里的领导议论：我们对青年人可以做哪些事？我们对青年人应要求什么？我们应该为青年人创造什么？从这一届"五四"青年学术报告会，对我们院青年工作是一个很好的触动，使我们能够进一步去做好青年一代的培养和使用。在这样的条件下，希望青年同志在今后的道路上更加奋勇前进。

自 1987 年第一届"五四"青年学术报告会举办至今，已成功举办了 28 届。原子能院的"五四"青年学术报告会为院青年科技人员的成长搭建了很好的平台，促进了院青年科技人员的学术交流。

2006 年 11 月 28 日，王方定在参加原子能院"五四"青年学术报告会举办 20 周年纪念会上发言说：

我院"五四"青年学术报告会是 20 年前在院团委建议下举办的。

图 8-2　王方定参加原子能院第二届"五四"青年报告会授奖纪念（前排左五为王方定）

20年来，青年同志积极参加这个报告会：总结研究工作的成果，向大会提出报告，与同行交流。老同志热情支持这个报告会：认真组织会议，帮助年轻人审查文章，评议工作成果的水平。各级领导都很重视这个报告会：把这个报告会列为每年的工作内容，作为评价青年的标准之一，并且提供经费支持。经过20年的努力，这个报告会越办越好，现在已经成为我院培养青年科技人才不可缺少的一项措施。它也说明：领导重视、老同志帮助，青年科技人员积极参与，和一个好的培养方式，是使青年同志能较快成长的四个重要因素。我院正处在第二次创业的新时期，需要大量高水平的能在科研第一线工作的科技人才，这个历史任务已经落在我院青年的身上。希望今天参加大会的青年代表，成为这项事业的领头人，不但自己努力向上，而且像20年前的青年一样，关心整个青年群体的成长。向领导和老同志提出你们的要求，用你们喜闻乐见的方式把我们的科研大军带出来。[①]

郭景儒回忆说：

> 我觉得王方定同志对于培养人才，培养学生是下了很大的功夫，他从很高的高度来看问题。比方说他几乎每年都要给新大学生做报告，即励志报告。从他的科研和学术历史，谈到怎么做学问，怎么做人。他对于原子能院请他做报告，每次都特别高兴。虽然他身体也不太好，但是每次他都接受。因为他觉得他有一种责任把他的科研精神传下去。这就表现了他从战略高度看育人问题。[②]

为促使青年科技人员更快地成长，鼓励学术思想活跃、有创新精神和开拓能力的优秀青年科技人员早出成果，以适应原子能院的发展，王方定在担任科技委主任期间，通过院科技委联合院团委，倡议、发起，并最终

---

① 在"五四"青年学术报告会举办20周年纪念会上的发言。手稿，2006年。资料存于采集工程数据库。

② 郭景儒访谈，2014年5月9日，北京。存地同上。

自 1988 年起设立中国原子能科学研究院青年科学研究基金。本基金面向全院，基金用以资助基础研究、应用研究和新技术开发研究项目。凡是院年龄在 35 周岁以下（含 35 周岁）的青年科技人员，得到两名高级技术职务人员推荐，均可提出申请。由院科技委主任担任主任委员，聘请有关专家和人员组成"中国原子能科学研究院青年科学研究基金委员会"，评定个申请项目。

中国原子能科学研究院青年科学研究基金委员会主任由王方定担任；副主任：严叔衡，李寿枬，忻贤杰，丁大钊，阮可强；委员：马崇智，汪达基，张忠岳，李路明，罗文宗，徐文镐，黄胜年，舒卫国，谢滋，蔡锡松；秘书：钱道元。

1987 年 12 月 11 日下午，中国原子能科学研究院青年科学研究基金委员会召开了第一会议，正式成立中国原子能科学研究院青年科学研究基金委员会，讨论通过基金暂行条例。

为了促进院青年科技人员成长，除实行青年科研基金外，王方定呼吁教育处早日争取到在院实行在职人员攻读硕士、博士学位的权利。

除了自己的学生外，王方定对研究所年轻人的培养也很关心。研究室的年轻人，王方定都可以全部叫出名字，并能说出各自从事的研究领域。每次他的学生张生栋去看望王方定，他都要询问所内的情况、年轻人成长的情况。

王方定以前看过的专业书或者新购的专业书，他认为好的都会送给学生或者建议他们去买。张生栋刚参加工作时，由于工资低，买不起专业书，王方定发现他对有些专业书很感兴趣，就把以前看过的国内外专业书送给他，并嘱咐他看书要把握重点、理解要领、做好笔记，还说想看随时可以到他家里来拿。

王方定还为年轻人辅导英文。有一次升会，张生栋批评他的学生英文学得不好。王方定知道后，把学生叫到家里，为他补习英文。对英语成绩不好的学生，王方定指导他如何准备考试，他听了王方定的建议，根据王方定的指导买书，按照王方定教的方法读书，结果英文考了一个很好的成绩。

　　王方定在推荐院士候选人、推荐人才参评各种奖励等方面也做了大量工作。2003 年 4 月 24 日，推荐清华大学费维扬[①]为中国科学院院士候选人。2005 年 3 月 16 日，推荐清华大学核能和新能源技术研究院吴宗鑫[②]为中国科学院院士增选候选人。2007 年 10 月，评审小组成员王方定、黄春辉、刘元方对柴之芳初步候选人给出了评审意见。此外，2007 年 3 月 17 日，王方定审阅了原子能院推荐徐銶、杨丙凡、赵志祥、柳卫平为院士候选人的材料，对每位候选人的材料提出了具体的意见和建议。2013 年 3 月 11 日，他还审阅了原子能院推荐柳卫平、石永康为院士候选人的推荐材料，给出了中肯的意见。

　　王方定还多次推荐核科技人才参评各种奖励。2000 年 9 月 15 日，推荐清华大学核能技术设计研究院陈靖参评青年科技奖。2004 年 9 月 7 日，推荐陈靖博士为长江学者特聘教授。2013 年 12 月 10 日，推荐 21 所李志明同志参评陕西省青年科技奖。

---

　　①　费维扬（1937-），出生于上海。现任清华大学化工系教授。1963 年毕业于清华大学工程化学系。长期从事化工分离科学与技术，特别是溶剂萃取的研究和教学工作。针对能源、资源和环保等国民经济建设的迫切需要，在萃取等传质设备的数学模型和性能强化等方面进行了创造性的研究。在应用理论知识和计算机辅助设计方法解决工程技术难题方面做出了重要贡献，先后与美、德、法、澳等国的大学和公司开展着多项应用基础合作研究。2003 年当选为中国科学院院士。

　　②　吴宗鑫（1937-），出生于浙江。2006 年 2 月被聘为国务院参事，清华大学核能与新能源研究院学术委员会主任，国家核安全专家委员会成员。长期从事反应堆工程与技术、能源政策和战略研究工作。享受政府特殊津贴。

结 语

王方定作为我国著名的放射化学家，一个优秀的科学家，他的成功值得人们思考。仔细研究他的学术成长经历，他的学术权威地位能在科学界获得认可，有哪些主要因素，哪些因素促使他不断攀登科学的高峰，不断进取。以下将从家庭熏陶、良师培育、孜孜不倦和爱国报国四个方面来探讨影响王方定学术成长的重要因素。

家 庭 熏 陶

王方定出生和成长在一个知识分子家庭。自贡王氏家族是一个非常大的家族，多少年来，在自贡流传着这样的话："河东王、河西李，你不姓王不姓李，我就不怕你！"这里的王姓就是王方定的家族。尤其是在王三畏堂第十六代传人王朗云的经营下，王氏一跃而为累资千万富甲全川的巨富豪商。在王朗云时期，王三畏堂开办义学。1901年，科举停废，此校扩大为私立树人两等学堂，兼收外族学生，聘用日本教师为学生授课，王方定的父亲王道周就曾在此学习，从学堂出来后去日本留学，并且选择了东京帝国大学火药科学习。为什么选学火药？王道周在他所著《火药学》一书的序言中写道："吾国自逊清维新以来，无不以坚甲利兵为强国之道。然近代兵器之首，乃在驱动之火药。"他在书的扉页上印下了"愿读者以兵器之灵魂重视此科"几个大字，表示他对火药制造的特别钟情和富国强兵情结。王道周在日本留学期间，结识很多名人。王方定的母亲杨肇华出生在潼南县的杨氏大家族，家族重视培养子弟读书学习，族中众子弟曾任清朝的官职。清末以后，又有多人留学苏联、美、法、德等国，学习马列主义、哲学、法律、物理、土木建筑等学科，认知了外面的世界。杨肇华虽为全职主妇，但是她眼界开阔，十分关心时事。

在王方定小的时候，他的父母就为他设计好将来要走的路：小学—中学—交通大学—美国麻省理工学院。因此即使身处战乱，虽然未能出国留学，但是王方定仍能坚持继续求学。同时，虽生逢战乱，但是王方定的父母对他的学习非常用心。

在王方定读小学时，他的母亲受王方定外祖父的影响，关心时政也热爱文学。母亲总会带着他去看一些进步的话剧，比如《钦差大臣》《太平天国》《阿Q正传》《骆驼祥子》等。母亲还订阅一些杂志给他看。王方定也跟着母亲读文艺期刊《宇宙风》和《良友》画报。以后，王方定的母亲不断为他买书。到小学三年级时，母亲还给王方定买了《大学文学读本》和《三国演义》，王方定都读得津津有味。父亲王道周还花10元巨资给王方定买了《少年百科全书》（共9册），王方定最喜欢的是文学卷。王方定就这样逐渐成为班上功课较好的学生。小学二年级末的暑假作业完成得好，学校奖励给王方定订了一份《儿童日报》。读书的爱好扩展了王方定的人生阅历，使他看很多问题能站得更高一点、更有哲理一点。

1950年，在王方定重新投考大学时，面临着选择专业的难题。这时，他的父亲希望他能学习化工专业，走工业报国的道路。父亲的经历还使王方定深刻认识到了旧社会的腐败，所以推翻旧社会，进行新的全面变革，王方定从心里完全接受。工业救国是王方定父辈们就要做的，可是没有做成，而王方定自己有机会把这个做成了，所以王方定觉得这对他来说实在是人生的最大幸事。

严谨、全面的家庭教育，使得王方定获益匪浅，他养成了良好的学习习惯；宽松的家庭环境给了他根据兴趣来钻研和学习的自由；那个时候读的书也为他后来走上科学道路起到了最早的启蒙作用。在家庭的熏陶之下，王方定向着科学道路的方向走好了第一步。

良 师 培 育

王方定的成功离不开优秀老师的启发和培育，优良环境的影响以及志同道合同窗的互帮互助。从他接受的教育经历来看，好的老师对他的教育给了他极大的鼓励和帮助，使得他从成长为放射化学家。可以说，王方定在各个阶段接受的教育都是当时最为优秀的。

王方定虽然辗转读过六所小学，但是只要有可能，他的父母就为他选择最好的教育条件。王方定就读过的六所小学中，当属上海的位育小学师资条件最好。位育小学是一所私立小学。王方定刚转入位育小学时，学习跟不上老师的要求。但是，他上课专心听讲，课后积极完成作业。经过一个学期的努力，补上了差距。每天上数学课开始十分钟就是速算，王方定每一次都算对，所以越做越有兴趣。在这里，王方定的学习成绩进步很快，兴趣也越来越高。主课语文、算术老师，也是级任宋老师，要求学生每天记日记，要记一天里特殊的事，老师还要提出修改意见。老师也重视培养学生读课外读物的习惯，每天发《儿童日报》给学生们看。在这里，王方定完成了从二年级到三年级的两年学习生活。他接受了很好的文化知识教育和爱国主义教育。这两年是王方定小学的黄金时代，也是他上过的最好的一所小学。在这里打下的良好基础，使他在以后的小学学习中，始终保持班上最好的成绩。

王方定曾就读张伯苓创办的重庆南开中学。南开中学聘请的都是很有经验又负责任的老师。英文老师李抒真和高芙初、数学老师王悦、语文老师刘兆古、地理老师徐兆奎、历史老师汤一雯和甘斗南都是至今记忆犹新而又各有特色的老师。王方定后来就读的自贡蜀光中学，属于南开学校系列，择优选聘教职员，要求他们首先以身作则贯彻"公""能"校训，勤于钻研本门业务，有良好的品德，实行"教训合一"，把学生培养成为有理想、爱国家、有为国效力本领的人。数学老师王颖、化学老师王炳仁、英语老师罗达仁是讲课最生动的三位老师。在上海交通大学学习时的物理老师赵富鑫、经济老师苏挺、经济地理老师王文翰；就读重庆大学时有机化学老师赵华明、分析化学老师周兆丰、工业计算老师张承琦；在四川化工学院学习时化工原理老师张洪沅、物理化学老师高诒善等这些老师，在教学方法上有独到之处，不仅仅在知识上，更是在做人上，给王方定树立了榜样。这些良师让王方定在人生中不断思考，不断进步。严师出高徒，各位老师的严格要求使得王方定的学术积累非常扎实，从小学和中学开始，就打好了基础；各位老师对于真理的追求、务实的学术态度、对于学生的关心，又让王方定在学习中感触良多。他小时候就开始培养了自学能力，在经过大学的熏陶之后，更是形成了自己行之有效的学习和研究习惯。

孜 孜 不 倦

王方定从小就喜爱读书。早在 1934 年，王方定陪同母亲在上海治病期间，就常常去路边书摊租《包公案》等连环画拿回医院看。就读位育小学的时候，王方定爱读的书有章依萍的儿童文学、张天翼的童话、根据中国古代历史故事或佛经故事编写的儿童读物。他从中知道了齐桓公、管仲、鲍叔牙等古人的故事。他也跟着母亲读她喜爱的文艺期刊《宇宙风》和《良友》画报。他从中了解了许多我国现代史的知识。母亲给他买了《大学文学读本》和《三国演义》，他都读得津津有味。父亲给他买了《少年百科全书》，他最喜欢的是文学卷，里面选录了莎士比亚、雨果等世界文学巨匠的作品。

在双江镇中心小学学习的两年时间里，学校功课很松，更没有指定任何课外补充练习，这给了王方定充分的时间读小说。镇上没有书店，赶集时的书摊也不卖小说，母亲便替他借小说来读。他先后读了石印版带插图的《水浒》，铅印版的《三言二拍》和《野叟曝言》。晚上王方定就着摇曳的油灯似懂非懂地读着字体极小的《聊斋》。母亲不许他带小说去上学，于是在学校王方定就围看同学的小说《七侠五义》《小五义》。同学看的速度很慢，往往是他看完一页后，转一圈，休息一下回来，正好能赶上同学翻下一页。

就这样，读书成为王方定的生活习惯。在"文化大革命"后期，一有时间他就钻图书馆自己看书。1979年，王方定调回原子能院后，在参加任务内工作的同时，还进行了核化学方向的调研工作，结合聚变核燃料及聚变过程中高能中子、带电粒子核反应，提出了聚变化学的研究方向。即使在他当选中科院学部委员之后，仍然勤奋读书，紧跟核化学与放射化学的研究动态，阅读了大量文献资料，撰写了《核武器控制与放化分析技术》《核燃料及其循环使用》《钍作为核燃料的前景》《放射化学的今天与明天》等文章。

王方定虽然爱读书，但不是死读书，尤其是对于阅读专业书籍，他有着自己的一套读书方法。他在读书的过程中，作了大量的读书笔记，对所读的资料有自己的思考和见解。不仅如此，他还根据自己的理解，将所做的读书笔记，进行分类编目，做成科研知识索引卡片，以便于后来利用查找。他作了的索引卡分为辐射化学、新技术、安全防护等近30种。

读书不仅给予了王方定精神上的愉悦，思想上的升华，而且也提升了他的专业水平。科研道路漫漫，研究成果日新月异，如果不能敢于接受新鲜事物，从书籍中汲取营养，终究要被社会所淘汰。王方定的读书习惯恰恰是他科研道路不断前行的重要保证之一。

爱 国 报 国

王方定出生在旧的社会制度下，饱尝战乱逃亡之苦。战乱的年代和颠沛流离的童年生活给他留下了难以磨灭的印象。1931年，日本侵略军制造了震惊中外的侵占我国东北三省的"九一八事变"。三岁的王方定举家迁往上海，立脚未稳，"一·二八"淞沪抗战打响了，王方定又随家搬到南京。1935年初，再度迁居上海；1937年12月，王方定一家被迫离开上海，经香港，绕道越南海防、河内，辗转昆明、成都，直到1938年春天才回到四川自贡老家。从1931年到1937年，短短六年间，因为战乱，年幼的王方定跟随家人丢弃了四个"温暖的家"。历尽艰辛，从东北到华东再到西南的奔波历程使他亲身感受了：一个积弱不振的国家的国民是受人欺侮的。通过在学校接受的各种爱国主义教育以及政治运动，使王方定改变了纯技术观点的思想，在大学阶段就加入了中国共产党，完成了思想上的转变。

王方定读大学的时候，学制是三年，没有做毕业论文这个过程。虽然学的是化工专业，可是并没有接触核科学。这样，大学毕业后来到中国科学院近代物理研究所放射化学组工作时，他既没有国外留学经历，大学毕业的学校也不那么有名，但是在近代物理研究所创建过程中，十分重视对青年科技人员的培养。当时，聚集所内的曾接受过严格科学训练的科学家，对青年科技人员从基础理论到实验技术手把手地教，强调基本功的训练和科研作风的培养。王方定一参加工作，就被送到北京大学物理系，旁听褚圣麟先生为物理系四年级开的原子物理学。老师讲课清晰生动，辅导老师耐心负责，学习收获很大。五年后，王方定被调往九局工作，他接受核爆炸试验任务前听取理论部同志作任务交底，制定测试方案，核爆炸试验完成后总结讨论试验结果，这一系列工作使他对一些问题的理解更加深刻。1954—1955年在近代物理所，王方定先后听取了杨承宗先生讲的放射化学和赵忠尧先生讲的原子核物理课程。除了专业知识学习，还要学习俄文。

1953—1955年的业务学习对王方定的影响，一方面是为他今后的科研工作打下了扎实的专业基础，增加了许多专业知识，工作、生活在一个多学科的研究所，耳闻目染尽是新鲜东西，大大开阔了眼界。在钱三强夫妇等老科学家的带领下，培养了他的科研态度和科研精神。所以，王方定说如果没有共产党他就不会有这样机遇。他深刻感到党组织一直在业务上培养他，他觉得为党做点工作是应该的，他也发自内心感激党。

当我国要研制第一颗原子弹时，钱三强先生要调王方定参加原子弹的研制工作，他详细耐心地说明调动王方定参加本项工作的原因和今后工作的内容，并且征求王方定的意见，王方定毫不犹豫就同意了。那次谈话王方定至今记忆犹新，也正是这次谈话给了他很大的鼓励，使他在参加这项工作一开始，就下定了克服一切困难的决心。

王方定认为这是一个很难得的机会。当时那么多人，这个机会怎么就给了他呢？钱先生说组织还是觉得选王方定合适的，为什么选他合适，钱三强也没说。王方定觉得这就是组织和科学家对他的信任，而组织和科学家对他的信任是新中国成立后，王方定自己对党的事业的关心、对业务工作的精益求精分不开的。王方定不愧为一名杰出的科学家，是所有核科技工作者的榜样和楷模。他不朽的功绩，卓越的成就值得整个国家和中华民族所铭记。

附录一　王方定年表

1928 年

12 月 21 日，生于辽宁沈阳。排行第二。姐姐王宾蓉、妹妹王超龙、弟弟王余荣和王方正。

1931 年

"九一八事变"爆发后，随家人逃到上海生活。父亲王道周在上海兵工厂担任主任技师。

1932 年

5 月，中日签订《淞沪协定》。王道周被调至南京任教于新组建的兵工专门学校。随家人迁至南京生活。

1934 年

7 月，入南京中学实验小学，学习一年。学会南京方言。

1935 年

初到上海，入兴中小学学习。

7月，入位育小学继续学习。二年至三年级的两年学习中，文化知识显著进步。学会上海方言和普通话。作文写得很好。

1936 年

阅读《大学文学读本》《三国演义》《少年百科全书》，开阔眼界。

1937 年

12 月底启程，随家人经香港、越南海防、昆明、成都，返回自贡躲避战乱。

1938 年

3 月初，入大坟包中心小学学习。学会自贡方言。

6 月，王道周赴重庆兵工专门学校任教。随父母迁居重庆。

初夏，入重庆三里女子小学插班就读。成为班上成绩最好的学生。作文写得好。

1939 年

2 月初，因日寇轰炸重庆市区，回到重庆潼南县双江镇外婆家，躲避战乱。

春，父母聘请家庭教师教学半个月。

2 月，入双江镇中心小学学习。喜欢下棋，读小说，品学兼优。

1941 年

2 月，小学毕业。考进县立初中，住校学习。

1942 年

秋，为转学南开中学，王道周请兵工学校和弹道研究所的同事补习英文、物理和化学。

1943 年

2 月，考入重庆市南开中学初二下四组学习。

1944 年

夏，初中毕业，成绩班级第四，保送免试就读本校高中。

1945 年

2 月，转学自贡蜀光中学读高一下。

10 月，因病休学一年。

1946 年

9 月，重返蜀光中学学习。

1948 年

7 月，考入交通大学电信工程管理系。

年底，学校酝酿迁至台湾，王道周不希望王方定去台湾。

年末，乘船返回重庆。

1949 年

1 月，返回自贡。

4 月，在自贡市东垣小学担任教员。

12 月，自贡解放。计划继续升学。

1950 年

3 月，担任自贡市东垣小学教务主任。

7 月，投考重庆大学。以第二名的成绩考入重庆大学化工系。

9 月，被定为化工系学生会学习干事，参加抗美援朝保家卫国、军事干部学校。

1951 年

参加"镇压反革命"运动、"三反""五反"运动、"思想改造和对党忠诚老实"运动。

1952 年

2 月 1 日—4 月 10 日，参加"五反"运动，被评为工作组模范，受到队部表扬。

3 月 25 日，在重庆大学加入青年团。

参加学校开展的反对细菌战爱国卫生运动。

6 月 18 日，蜀光中学补发了毕业证明书。

夏，全国大专院校开始院系调整。重庆大学的化工系与四川地区 13 所院校的化工系（科）组建成四川化学工业学院，校址四川泸州。

10 月 28 日，到达泸州四川化学工业学院化学工程系三年级乙班上课。

1953 年

7 月 1 日，在四川化工学院读大三下学期时加入中国共产党。

8 月，入职中国科学院近代物理研究所工作，分配做铀矿石分析工作。

9 月至 12 月，被送到北京大学物理系四年级旁听《原子物理学》。

1954 年

1 月，物理研究所从东黄城根迁到新址中关村。

7 月，按期转为正式党员。

在北京大学旁听苏联专家费多洛夫的《稀有元素化学》。

在近代物理研究所内听杨承宗讲授的《放射化学》。

开展国产 1 号铀矿石（钽铌酸盐型）分析工作。解决了矿石极难全溶问题，获得了稳定的结果。

1955 年

开展国产 2 号铀矿石（磷酸盐型）分析工作。解决了定量还原成四价铀的问题，获得了稳定的结果。

参加物理所的俄语学习。

听杨承宗讲授《放射化学》，赵忠尧讲授《原子核物理》。

7—10 月，参加"肃反"运动中的调查工作。

1956 年

1956 年，与查子秀相识。

参加开展的铀矿石分析工作获中国科学院科学奖。

在中科院化学所刘静宜的指导下，开展重铀酸钠和碳酸铀酰的制备、组成成分、老化、稳定性的研究，为从国产铀矿石中提出的铀的净化作了基础性研究工作。

1957 年

年内，开展用 TBP 从国产铀矿石中提取铀的工作，确定了用磷酸三丁酯提取铀的工艺。

1958 年

开展在脉冲萃取柱中用 TBP 从国产铀矿石中提取铀的流程研究。设计制造了小规模提取铀的设备，并进行萃取试验。用于处理国产铀矿石，提取率 99%。

7 月 13 日，第二机械工业部党组决定成立北京第九研究所（核武器研究所），所址选在花园路 3 号。

8 月，参加在莫斯科召开的和平利用原子能国际青年讨论会。

夏，开展了国外核爆炸引起的大气放射性沉降物的测量分析工作。

8 月，调至正在组建的二机部九局，但仍在 401 所十室三组担任组长，负责研制核武器中的放射化学工作。

9 月，开始铀 −235 热中子诱发裂变产物的分离、分析工作，建立化学分离、分析流程和射线测量装置。

1959 年

年初，与查子秀结婚。

2 月 20 日—3 月 1 日，二机部在北京召开跃进献礼积极分子代表大会，代表先进集体出席会议，受到周恩来、朱德等领导人的接见并合影。

1960 年

投入到中子源材料的研制工作，进行轻核素制备、化合物制备、化学组成鉴定、物理状态鉴定、操作条件的建立等工作。

1961 年

从老氡管及 RaD-E-F 盐中提取 ^{210}Po，最多达到毫居级。

7 月，合成了合格的中子源材料。

1962 年

开展辐照 LiF，提取氚。

1963 年

3 月 9 日，儿子王卫宁在北京出生。

12 月底，成品通过最后鉴定，确证完全合乎要求，胜利地结束了中子源核部件研制任务，通过了出中子实验。王方定小组因出色完成中子源核部件研制任务，得到二机部党组贺信表扬。

1964 年

3 月，王方定小组被评为 1963 年度的五好研究小组。

5 月 3 日，作为组长出席了首都各界青年纪念"五四"大会，受到周恩来、朱德等党和国家领导人的接见。

5 月 19 日，女儿王学宁在北京出生。

6 月 11 日，奔赴国营青海综合机械厂即 221 厂实验部，开展核武器试验中的放射化学诊断工作。

7—8 月，开展称量核材料的重量工作。

9 月，参加了草原战备活动和局部疏散活动。

10 月 16 日，研制的点火中子源成功应用到我国制造的第一个原子弹。

1965 年

3 月，担任二机部九院实验部中子物理与放射化学研究室副主任。

4 月，实验部机构进行大调整。三室六组组成 32 室，负责核试验取样及放化分析工作，被任命为 32 室主任。

监测核爆产物，包括裂变当量的测定、中子的测定、聚变当量的测定、核爆炸生成的新核素的分析、引爆氢弹用原子弹爆炸当量的测定、氢弹中总裂变当量的测定、用气体裂变产物测定核爆的裂变当量及爆炸取样回收系数的测定等工作。

全国范围的"四清"运动开始，遭到批判。

1967 年

6 月 17 日，我国第一颗氢弹试验成功。监测核爆产物。

1968 年

12 月 9 日，在青海被"文化大革命"勤务组勒令停职交代问题。

1969 年

9 月 29 日，中国进行了氢弹爆炸试验。监测量核爆炸当量。

1970 年

10 月，搬迁到四川三线山沟，放射化学诊断工作逐渐停止。

1972 年

7 月 5 日，调到技术安全室。被选为党支部委员，分工管业务。

11 月 15 日，调回放化室，担任九院二所副总工程师。

12 月 4 日，中共 902 所委员会签发了关于对王方定同志的平反决定。

年底，任九院二所放射化学研究室主任。

1 月 4 日，中国共产党中国人民解放军第九研究院委员会建议提任为二所副总工程师。

12 月 20 日，被第二机械工业部政治部任命为二所副总工程师。

2 月，回到北京九局工作。

年内，作为组织者之一及主要参加者，获全国科学大会奖三项：核装置点火中子源的研制，放化分析测定热试验产品的当量和燃耗，^{210}Po 及其他多种放射源的制备。

10 月 15 日，调回原子能研究所从事放射化学基础研究工作，担任十室主任。

2 月，担任 401 所化学部副主任。

4 月，被评为 401 所 1980 年度优秀党员。

3 月，被评为 401 所 1981 年度优秀党员。

4 月 1 日，在《原子能科学技术》发表《聚变化学及用放化方法研究高能中子核反应》，介绍聚变化学的研究概况、用放化方法研究高能中子引起的核反应方面的工作。

8月，当选为党的第12次全国代表大会代表。

9月1—11日，参加第12次全国代表大会。会后，撰写了《核工业部参加中国共产党第十二次全国代表大会传达稿》，并先后在部机关、原子能所、五所、北京九所、二院等单位向全体党员传达会议精神。

10月11日，晋升为研究员。

1983 年

4月，被评为原子能研究所1982年度优秀共产党员。

7月11日，被任命为原子能研究所科技委副主任。

9月，参加在丹佛召开的国际溶剂萃取化学会议。

9月，与郭景儒合招第一批硕士研究生孙建国和肖光。

1984 年

4月，被评为原子能所模范科技工作者。

10月16日，核工业部颁发原子弹爆炸20周年荣誉证书。核工业部第九研究院颁发纪念我国第一颗原子弹爆炸成功20周年纪念章。

10月17日，应邀出席902所纪念原子弹爆炸成功20周年大会，并讲话。

1985 年

2月16日，被聘为国务院学位委员会第二届学科评议组（原子能科学与技术分组）成员。

9月25日，被评为中国原子能科学研究院劳动模范。

9月27日，参加原子能院建院35周年，十室成立30周年聚会。

10月，核工业部颁发从事核工业建设荣誉证书。

11月1日，被评为核工业部劳动模范。

4 月 14 日，参加在维也纳召开的编写 α 放射性废物处理顾问小组会，并作题为 The Present Status for the Management of Alpha-Bearing Wastes in China（《当今中国的 α 放射性废物管理现状》）的报告。

7 月，第一位硕士研究生孙建国毕业，论文题目《^{235}U 热中子诱发裂变 88Y 独立产额测定》。

7 月 1 日，荣获核工业部优秀共产党员称号，参加核工业部领导接见部级中央机关优秀党员活动。荣获中国原子能科学研究院优秀共产党员称号。

7 月 8 日，被任命为中国原子能科学研究院科技委主任。

年内，撰写《钍作为核燃料的前景》，被收入《中国原子能科学研究院学术报告汇编》。

1987 年

1 月，作为第一发明人的项目"快速测定裂变燃耗的气体裂片法"获国家发明奖三等奖。

4 月，与院团委联合建立原子能院首届"五四"青年学术报告会，并担任优秀报告评委会副主任委员，在授奖大会上讲话。

12 月 11 日，参加中国原子能科学研究院青年科学研究基金委员会第一会议，讨论青年科学研究基金暂行条例，倡议建立了中国原子能科学研究院青年科学研究基金。被选为中国原子能科学研究院青年科学研究基金委员会主任。

1988 年

5 月 20 日，被聘为国家自然科学基金委员会第二届学科评审组成员。

8 月，作为第二译者翻译的《核化学工程》由原子能出版社出版。

10 月 1 日，荣获献身国防科技事业 30 年证书和奖章。

1989 年

11 月，作为第一发明人的项目"裂变燃耗放射化学诊断方法"获国家发明奖二等奖。

1990 年

1 月 20 日，在原子能院办理退休手续。

3 月 3 日，共青团中央办公厅邀请参加"奋斗者的足迹"报告团。

3 月 26 日，被共青团中央聘为"中国青年思想教育中心"特邀报告员，在中南海怀仁堂受到江泽民总书记及其他中央首长的接见。

3 月 26 日，在北京展览馆剧场举办的"奋斗者的足迹"知识分子报告团首场报告会上第一个作报告。

6 月 29 日，荣获中央国家机关优秀共产党员称号。

8 月，荣获全国优秀科研工作者称号和"五一劳动奖章"。

10 月 4 日，中共自贡市委员会致信邀请赴自贡作报告。

10 月 19 日，回到母校自贡蜀光中学参观，并作爱国主义报告。

1991 年

5 月 6 日，国家教委直属高校工作司、共青团中央学校部联合邀请参加优秀知识分子报告团。

10 月 16 日，参加二九（北京）联谊会成立 35 周年和郭英会同志 70 岁纪念庆祝会。

10 月 26 日，应邀在四川轻化工学院作爱国主义报告。

11 月，当选中国科学院学部委员。

年内，在《现代化》杂志发表《放射化学的今天与明天》。

1992 年

4 月 20 日，被聘为国务院学位委员会第三届学科评议组（原子能科学与技术评议组）成员。

1993 年

3 月 1 日，当选第八届全国政协委员。

9 月，与傅依备、张丕禄合招第一个博士研究生贾永芬。

11 月，参加在中国工程物理研究院召开的重点科技领域发展战略研讨会。

12 月，作为主要参加人的项目"Purex 流程中锆的萃取行为研究"获核工业部科技进步奖三等奖。

1994 年

2 月 27 日，胡锦涛亲临家中看望。

9 月，第一作者在《乏燃料管理及后处理》上发表了《嬗变处理高放核废物》，探讨了嬗变法处理长寿命核废物，综述了各国在该领域的政策及目前的研究状况。

1995 年

3 月 10 日，被聘为国家同位素工程技术研究中心工程技术委员会主任委员。

1996 年

7 月，招收的第一位博士生贾永芬毕业，论文《锝的氧化还原反应动力学研究—二价铁、硫氰酸盐还原七价锝》。

8 月 15 日，被聘为中国原子能科学研究院学术顾问委员会委员。

10 月，被中国核学会聘为中国核学会核化工分会第四届委员会顾问。

12 月 30 日，作为第二完成人的项目"锝的氧化还原动力学研究"获中国工程物理研究院预研基金一等奖。

1997 年

1 月 21 日，被原子能出版社聘为《国防高科技丛书·核武器卷》编委会副主任委员。

5 月，被中国核学会聘任为中国核化学与放射化学学会第五届理事会理事长。

12 月 25 日，参加乏燃料后处理科研成果部级鉴定会。

1998 年

1 月 22 日，当选第九届全国政协委员。

3 月，参加第九次全国政协会议。

3 月 2 日，参加核工业部领导接见部籍政协委员活动。

7 月 15 日，在《北京政协》发表《当代核工业的和平利用》，阐述了我国在核能和核技术的和平应用上取得的成绩。

9 月 8 日，在核工业研究生部举办的锕系元素化学和工艺研究室举办建室 40 周年学术报告会上，作《放射化学诊断学》报告。

1999 年

4 月 5 日，被国防科工委聘为国防科工委专家咨询委员会委员。

7 月 16 日，中国原子能科学研究院院长颁发博导聘书。

10 月 1 日，应邀出席新中国成立 50 周年庆典活动。

10 月 22 日，被聘任为中核集团公司第一届科技委高级顾问。

2000 年

2 月 20 日，参加在廊坊召开的"二九"（京廊）联谊会第三届第一次会议。

3 月 3—11 日，参加九届三次政协会议，为此撰写了《九届三次政协意见》。

5 月 8 日，被聘为中国原子能科学研究院发展战略策划组专家。

9 月 26 日，出席原子能院举办的王淦昌像揭牌仪式。

9 月 27 日，出席原子能院建院 50 周年庆祝大会。

2001 年

7 月 1 日，荣获中国原子能科学研究院优秀共产党员称号。

10 月 3 日，在原子能院放化所作《实验数据处理讲话》报告。

11 月 2 日，被聘为《中华人民共和国大典》学术委员会主任委员。

7 月 13 日，在原子能院放化所作《核燃料及锕系元素》。

11 月，作为主要参加人的项目"核燃料后处理过程中 U-Pu 分离和 Pu 净化浓缩改进及微型混合澄清槽研制"获国防科学技术奖一等奖。

年内，参加纪念我国首次从辐照元件中提取钚 40 周年暨钚的应用研讨会。

2003 年

9 月，作为主要参加人的项目"N，N- 二乙基羟胺在 Purex 流程中的应用研究"获国防科工委科学技术奖三等奖。

11 月，撰写《恭祝李毅同志九十华诞》，回顾了与李毅交往的经历。

2004 年

1 月 20 日，作为主要参加人的项目"核燃料后处理过程中 U-Pu 分离和 Pu 净化浓缩改进及微型混合澄清槽研制"获国家科技进步奖二等奖。

10 月 15 日，出席第一颗原子弹爆炸成功 40 周年中央军委座谈会并发言，回顾了参与研制我国第一颗原子弹的工作经历。

10 月，出席中核集团公司纪念我国第一个原子弹爆炸成功 40 周年大会并发言。

10 月，撰文《首次核爆 40 周年缅怀钱三强先生》，记录了在原子弹研制工作中，钱三强对王方定的影响。

2005 年

2 月 3 日，出席原子能院领导与院士座谈会。

11 月，撰文《纪念肖伦先生》，回顾了 40 多年来肖伦对原子能事业做出的贡献，对年青一代的培养以及对自己的关心和帮助。

2006 年

3 月 7 日，在北京大学应用化学系向研究生作《放射化学与核能》

报告。

5月15日，被聘为《乏燃料管理及后处理》编委会名誉主任。

8月11日，撰文《鞠躬尽瘁、贡献毕生——沉痛悼念汪德熙先生》，回顾了汪德熙为我国化工、特别是核化工事业做出了开创性重大贡献。

9月28日，在原子能院放化所作《放射化学》报告，介绍了为放射化学作出卓越贡献的科学家，发现放射性衰变的规律，发现核裂变，天然核反应堆等内容。

2007 年

5月23日，出席在原子能院举办的纪念汪德熙百年诞辰座谈会并发言，回顾了与汪德熙交往的经历，以及对自己的帮助和影响。

5月29日，在原子能院参加王淦昌墓祭扫活动。

6月17日，出席中国核工业集团公司纪念氢弹爆炸成功40周年座谈会并发言，回顾了我国氢弹研制的有关历史。

8月，被聘为中国核学会核化学与放射化学分会第八届委员会名誉主任委员。

9月，被聘为原子能院放射化学研究所核化学专业专家组成员。

2008 年

1月，被《中国核电》杂志社聘为中国核电杂志学术委员会委员。

3月，撰文《殚尽心血 力挽狂澜——忆李毅同志在221厂》，纪念李毅同志。回顾了在221厂工作时，李毅的关心与影响。

3月20日，参加原子能院放化大楼负挖典礼。

4月15日，应邀用英文在原子能院放化所作 Lecture on Radiochemistry（放射化学）报告，介绍了放射化学方面的大家及其贡献。

10月8日，作《101堆是开展放射化学研究的利器》报告，介绍了101堆在开展放射化学研究方面的作用以及自己使用101堆辐照情况。

11月，作为主要参加人的项目"长寿命裂变产物核素 Sn-126 的半衰期和热中子反应截面的测量研究"获中核集团公司科技一等奖。

11 月 20 日，被北京大学先进技术研究院聘为放射化学与辐射化学国防重点学科实验室学术委员会主任。

11 月 29 日，出席北京大学放射化学与辐射化学国防重点学科实验室学术委员会成立仪式暨首届一次学术委员会会议。被选为学术委员会主任。

12 月，作为主要参加人的项目"长寿命裂变产物核素 Sn-126 的半衰期和热中子反应截面的测量研究"获国防科工委科学技术一等奖一项。

12 月 11 日，参加在原子能院举办的"一堆一器"50 周年纪念大会。

12 月 21 日，傅依备等 75 位九院二所老战友来信，恭贺 80 华诞。

2009 年

1 月 1 日，被聘为《原子能科学技术》2009—2012 年度编辑委员会顾问。

4 月，撰文《半世纪战友情难忘》，恭贺傅依备 80 华诞，回顾了与傅依备工作的经历及对自己的影响。

5 月 18 日，应原子能院科技委邀请，作《放射化学在核能发展中的贡献》报告。

11 月，作为主要参加人的项目"^{95}Y、^{138}Cs、^{91}r、^{142}La 四种短寿命裂变产物核素制备方法研究"获中核集团公司科学技术奖。

12 月 30 日，因在原子能院放化所连续工作满 30 年，被原子能院放化所授予放化所荣誉职工。

2010 年

4 月 23 日，应邀出席北京大学放射化学专业建立 55 周年庆典大会并讲话。

6 月 28 日，应邀作原子能院院庆 60 周年高端学术论坛系列讲座《可再生能源》。

7 月 13 日，在原子能院放化所作《核／放射化学诊断方法》报告。

8 月 20 日，发表《开创核燃料研究培育放化界英才——恭贺杨承宗先生百岁华诞》，回顾了杨承宗对年轻人的培养，科研工作以及对自己的影响。

10 月，撰文《科学英才　长者风范》，恭贺唐孝威八旬华诞，回顾了与唐孝威工作上的合作以及日常交往。

10 月 28 日，在第七届南开北京校友代表大会中被推选为南开北京校友会顾问。

2011 年

2 月，撰文《临危受命、功绩昭著——悼念朱光亚同志》，回顾了与朱光亚的交往经历及对自己的影响。

4 月 29 日，在原子能院放化所作《怎样写好科技文章》报告。

12 月，纪念肖伦院士百年诞辰题词：建功国防，开拓民用，无私奉献，教书育人，良师益友，诲人不倦。

12 月 15 日，出席肖伦诞辰 100 周年纪念活动。

2013 年

7 月，为汪德熙先生百年诞辰纪念题词：开创我国核化工事业，培育高科技专门人才。

10 月 16 日，出席在原子能院举办的钱三强百年诞辰回顾展开展仪式并发言。

附录二　王方定主要论著目录

论文

[1] 王方定. 聚变化学及用放化方法研究高能中子核反应. 原子能科学技术, 1982（3）: 357-362.

[2] 平佩贞, 王方定. 锆在 HNO_3HDBP 煤油体系中的萃取行为. 原子能科学技术, 1984（2）: 207-211.

[3] 王冬梅, 张春华, 唐培家, 刘大鸣, 郭景儒, 王方定. 裂变产额法刻度浸于铀溶液中 SSTD 的效率因子. 核化学与放射化学, 1990（3）: 129-134.

[4] 王方定. 国家的需要就是我们前进的动力. 光明日报, 1990-04-03, 2 版.

[5] 王方定. 世上无难事, 只要勇登攀. 科技日报, 1990-05-13, 3 版.

[6] 张艳玲, 李学良, 王方定, 郭景儒, 唐培家, 刘大鸣, 崔安智, 苏树新. ^{252}Cf 自发裂变电荷分布研究——^{133m}Te 和 ^{133g}Te 分累计产额测定. 中国核科技日报, 1990: 1-12.

[7] 赵欣, 李学良, 郭景儒, 王方定, 唐培家, 刘大鸣, 崔安智, 苏树新. ^{252}Cf 自发裂变电荷分布研究——^{127g}Sn 和 ^{128n}Sn 累计产额测定. 中国核科技报告, 1990: 1-12.

［8］王冬梅，张春华，唐培家，刘大鸣，郭景儒，王方定. 24. 4keV 中子诱发 ^{235}U 裂变的产额测量. 核化学与放射化学，1991（4）：47-50.

［9］王方定. 放射化学的今天与明天. 现代化，1991（5）：42-43.

［10］王冬梅，郭景儒，王方定，王宇峰. 应用 ^{252}Cf 溶液刻度 SSTD 的效率因子. 核化学与放射化学，1991（02）：106-109.

［11］王方定. 为我国原子能放射化学的发展尽力. 中国科学院院刊，1991（2）：156.

［12］贾永芬，王方定，张丕禄. 锝的氧化还原反应动力学研究. 中国原子能科学研究院年报，1995：148-149.

［13］张安运，胡景炘，张先业，王方定. N，N- 二乙基羟胺与硝酸氧化还原反应动力学研究. 中国原子能科学研究院年报，1997：108.

［14］张安运，胡景炘，张先业，王方定. N，N- 二乙基羟胺与钒（V）氧化还原反应动力学和机理研究. 中国原子能科学研究院年报，1997：108.

［15］张安运，胡景炘，张先业，王方定. HNO_2 和 Fe（III）对 Np（VI）与 N，N- 二乙基羟胺氧化还原反应动力学的影响. 中国原子能科学研究院年报，1997：108-109.

［16］贾永芬，朱志瑄，张丕禄，王方定，傅依备. 盐酸介质中二价铁还原高锝酸盐的动力学研究. 原子能科学技术，1998，S1：130-135.

［17］张安运，胡景炘，张先业，王方定. N，N- 二乙基羟胺与 Pu（IV）氧化还原反应动力学研究. 中国原子能科学研究院年报，1998：61.

［18］张安运，胡景炘，张先业，王方定. N，N-N乙基羟胺应用于 U-Np 和 U-Pu 分离的研究. 中国原子能科学研究院年报，1988：62.

［19］王方定. 当代核工业的和平利用. 北京政协，1998（7）：42-44.

［20］王方定. 我参加中子源研制前的一段经历. 原子能院报，1998-09-20.

［21］何辉，胡景炘，张先业，王方定. 基于拟 Newton 算法的 Purex 流程计算机模拟程序 // 核燃料后处理研讨会论文集. 1999：76.

［22］张安运，胡景炘，张先业，王方定. N，N- 二乙基羟胺与 Np（VI）氧化还原反应动力学研究. 原子能科学技术，1999（2）：2-8.

[23] 厉凯，何辉，张安运，胡景炘，张先业，王方定. N，N-二甲基羟胺与 V（V）的氧化还原动力学和反应机理研究. 中国原子能科学研究院年报，1999：67.

[24] 何辉，胡景炘，张先业，王方定. N，N-二乙基羟胺和 N，N-二甲基羟胺对 Pu（IV）的还原反萃. 中国原子能科学研究院据报，1999：67-68.

[25] 肖国平，何辉，张安运，胡景炘，张先业，王方定. N-甲基羟胺与 V（V）的氧化还原动力学和反应机理研究. 中国原子能科学研究院年报，1999：75.

[26] 张安运，刘鹰，王方定. 羟胺与 Pu（IV）氧化还原反应动力学和机理研究. 应用化学，2000（2）：138-141.

[27] 张安运，胡景炘，张先业，王方定. 有机还原剂与 Np（VI）和 Pu（IV）的化学反应动力学研究进展. 原子能科学技术，2001（1）：83-90.

[28] 张安运，厉凯，何辉，胡景炘，张先业，王方定. N，N-二甲基羟基胺与 V（V）氧化还原反应动力学及机理研究. 应用化学，2001（3）：180-183.

[29] 何辉，胡景炘，张先业，肖松涛，朱文彬，王方定. N，N-二甲基羟胺对 Pu（IV）的还原反萃和相应的计算机模型. 核化学与放射化学，2001（2）：65-71.

[30] 何辉，胡景炘，张先业，王方定. 基于拟 Newton 算法的 Purex 流程计算机模拟程序. 原子能科学技术，2001（3）：217-222.

[31] 张安运，胡景炘，张先业，王方定. N，N-二乙基羟胺应用于 U（VI）与 Np（VI）和 U（VI）与 Pu（IV）的分离研究 // 全国核化学化工学术交流年会论文集，2002：188-201.

[32] 何辉，胡景炘，张先业，王方定. N，N-二甲基羟胺用于铀钚分离多级反萃实验研究和相应的计算机程序. 原子能科学技术，2002（2）：6-11.

[33] 张生栋，杨磊，郭景儒，王方定，崔安智，李金英. 不加载体分离

^{126}Sn 的方法研究. 中国原子能科学研究院年报, 2002: 103.

[34] 朱志瑄, 贾永芬, 王方定. 硝酸介质中锝与肼的反应研究. 核化学与放射化学, 2003 (3): 129-133.

[35] 王方定. 是宏伟事业成就了我 (在纪念大会上的发言摘要). 中国核工业, 2004 (5).

[36] 张生栋, 杨磊, 郭景儒, 王方定, 崔安智, 李金英, 刁立军. 长寿命裂变产物核素 ^{126}Sn (nth, γ) $_{127}$Sn^{m+g} 俘获截面测量研究. 中国原子能科学研究院年报, 2004: 140.

[37] 何辉, 胡景炘, 张先业, 王方定. HNO$_2$ 氧化 N, N- 二甲基羟胺的反应及含有, N- 二甲基羟胺的 1BP 料液中 Pu 的调价 // 第 7 届全国核化学与放射化学学术讨论会论文集. 2005: 28-29.

[38] 张生栋, 杨磊, 郭景儒, 王方定, 崔安智, 李金英, 刁立军. 长寿命裂变产物核素 ^{126}Sn (n, γ) ^{127}Snm 和 ^{127}Sng 热中子反应截面测量研究 // 第 7 届全国核化学与放射化学学术讨论会论文集. 2005: 46-47.

[39] 李高亮, 何辉, 胡景炘, 张先业, 王方定. N, N- 二甲基羟胺的合成及表征. 化学试剂, 2006 (4): 202-204, 213.

[40] 王方定. 开创核燃料研究培育放化界英才——恭贺杨承宗先生百岁华诞. 核化学与放射化学, 2010 (4): 5-6.

[41] 王方定. 中国原子弹是这样诞生的. 中国青年报, 1990-01-04, 3 版.

[42] 王方定, 齐占顺. 嬗变处理高放核废物. 乏燃料管理及后处理, 1994, 44 (8).

[43] 王方定.《裂变产物的化学状态与生成方式间的关系》. 核工业部原子能研究所科学技术成果报告, 原成 [84] -003.

[44] 王方定, 齐占顺.《核武器控制与放化分析技术》. 核科技报告, CNIC-NMC30.

[45] 王方定. 核燃料及其循环使用 // 共同走向科学 (上). 北京: 新华出版社, 1997: 120-134.

［46］王方定. 重要的是要有一种精神. 研究与应用，1995（3）：16-17.

［47］王方定. 钍作核燃料的前景 // 中国原子能科学研究院学术报告汇编. 1986：32.

［48］赵欣，李学良，郭景儒，王方定，唐培家，刘大鸣，崔安智，苏树新. Cumilative Yields of ^{127g}Sn and ^{128}Sn in the Spontaneous Fission of ^{252}Cf. Journal of Radioanalytical and Nuclear Chemistry，Articles，1993，170（1）：99-106.

［49］孙建国，郭景儒，王方定，等. Independent yield of ^{88}Y from Thermal Neutron Tnducled Fission of ^{235}U. J Radioanal Nucl Chem，Letters 1986，108（6）：347-356.

［50］张艳玲，李学良，王方定，等. Nuclear Charge Distribution in the Spontanbous Fission of ^{252}Cf：Determination of Fractional Cumulative Yields of ^{133m}Te and ^{133g}Te. Journal of Radioanalytical and Nuclear Chemistry，1995，189（2）：165-172.

［51］齐占顺，张丕禄，王方定，等. The Chemical States of Tellurium Produced by Spontanbous Fission of ^{252}Cf. Journal of Radioanalytical and Nuclear Chemistry，Articles，1988，125（2）：271-280.

［52］贾永芬，张丕禄，朱志瑄，傅依备，王方定，The Reduction Kinetics of Pertechnetate by Thiocyanae in Perchloric Acid Medium. Journal of Radioanalytical and Nuclear Chemistry，1998，229（1-2）：173-177.

［53］张安运，胡景炘，张先业，王方定. Hydroxylamine Derivatives in Purex Process I. Study on the Kinetics of Redon Reaction between N，N-diethyllydroxylamine and Nitrous Acid. Journal of Radioanalytical and Nuclear Chemistry，1998，230（1-2）：235-239.

著作

［1］汪德熙，王方定，祝疆，等译. 核化学工程. 北京：原子能出版社，1988.

参考文献

［1］王方定. 聚变化学及用放化方法研究高能中子核反应［J］. 原子能科学技术，1982（03）：357-362.

［2］平佩贞，王方定. 锆在 HNO_3HDBP 煤油体系中的萃取行为［J］. 原子能科学技术，1984（2）：207-211.

［3］王冬梅，张春华，唐培家，等. 裂变产额法刻度浸于铀溶液中 SSTD 的效率因子［J］. 核化学与放射化学，1990（3）：129-134.

［4］王方定. 国家的需要就是我们前进的动力［N］. 光明日报，1990-04-03.

［5］王方定. 世上无难事，只要勇登攀［N］. 科技日报，1990-05-13.

［6］张艳玲，李学良，王方定，等. ^{252}Cf 自发裂变电荷分布研究——^{133m}Te 和 ^{133g}Te 分累计产额测定［J］. 中国核科技日报，1990：1-12.

［7］赵欣，李学良，郭景儒，等. ^{252}Cf 自发裂变电荷分布研究——^{127g}Sn 和 ^{128n}Sn 累计产额测定［J］. 中国核科技报告，1990：1-12.

［8］王冬梅，张春华，唐培家，等. 24.4keV 中子诱发 ^{235}U 裂变的产额测量. 核化学与放射化学［J］，1991（4）：47-50.

［9］王方定. 放射化学的今天与明天［J］. 现代化，1991（5）：42-43.

［10］王冬梅，郭景儒，王方定，等. 应用 ^{252}Cf 溶液刻度 SSTD 的效率因子［J］. 核化学与放射化学，1991（2）：106-109.

［11］王方定. 为我国原子能放射化学的发展尽力［J］. 中国科学院院刊，1991

（2）：156.

［12］汪德熙，王方定，祝疆，等译. 核化学工程［M］. 北京：原子能出版社，1988.

［13］丁杰盉，赵积柱. 治一治精神上的"贫困症"——著名科学家王方定访谈录［J］. 政治思想工作研究，1997（2）：20-21.

［14］杜延萍. 用信念"点燃"精彩人生——访中国科学院院士王方定［J］. 国防科技工业，2005（10）：62-63.

［15］卫广刚，李照煦. 放射化学在核能发展中的贡献——专访王方定院士［J］. 中国核电，2011（1）：10-13.

［16］叶娟. 我更喜欢做一名老师——中国原子能科学研究院王方定院士口述实录［J］. 中国核工业，2012（11）：49-51.

［17］张生栋. 做人的楷模，做事的典范［J］. 中国核工业，2012（11）：54-56.

［18］丁杰，赵积柱. 不为人师，而为人友——中科院院士王方定访谈录［J］. 研究与应用，1996（3）：14-18.

［19］叶娟. 跟他一辈子，是我的骄傲——王方定院士夫人口述实录［J］. 中国核工业，2012（1）：1.

［20］王方定. 当代核工业的和平利用［J］. 北京政协，1998（7）：42-44.

［21］王方定. 我参加中子源研制前的一段经历［N］. 原子能院报，1998-09-20.

［22］蜀光中学. 王方定简介 // 蜀光校史［M］. 成都：四川人民出版社，2004.

［23］中国原子能科学研究简史编委会. 中国原子能科学研究简史（1950—2012）［M］. 北京：原子能出版社，2010.

［24］孙勤. 主编. 核铸强国梦［M］. 北京：中国社会科学出版社，2013.

［25］王方定. 是宏伟事业成就了我（在纪念大会上的发言摘要）［J］. 中国核工业，2004（5）.

［26］王方定. 开创核燃料研究培育放化界英才——恭贺杨承宗先生百岁华诞［J］. 核化学与放射化学，2010（4）：5-6.

［27］王方定. 中国原子弹是这样诞生的［N］. 中国青年报，1990-1-4，3 版.

［28］王方定，齐占顺. 嬗变处理高放核废物［J］. 乏燃料管理及后处理，44（8）.

［29］王方定. 共同走向科学（上）［M］. 北京：新华出版社，1997.

［30］王方定. 重要的是要有一种精神［J］. 研究与应用，1995（3）：16-17.

后 记

本传记是"老科学家学术成长资料采集工程"的子课题"王方定学术成长资料采集工程"的成果之一。"王方定学术成长资料采集工程"课题主要任务是三部分：访谈、采集资料和撰写研究报告，每一项工作的完成都离不开王方定院士及其家人的支持，还有课题组成员的努力。访谈进行了七次，采集、整理和扫描资料历时近半年，研究报告的撰写也耗费了我们大量的时间和精力。

在采集过程中，王方定所在的单位中国原子能科学研究院对该项目给予了高度重视，院、所领导非常关注本项目的进展情况，为项目的顺利开展提供了便利条件。在进行视频材料的外围采访时，中国工程物理研究院的胡仁宇院士、傅依备院士、崔保顺研究员，中国原子能科学研究院的罗文宗研究员、郭景儒研究员、何辉研究员在百忙之中抽出时间，积极准备素材，接受采访。中国原子能科学研究院放射化学研究所的顾忠茂研究员、丁有钱研究员，档案馆的王继荣、姚艳芬等老师也给予了大力支持，在此一并表示诚挚感谢。

北京科技咨询中心在采集过程中，还多次组织了项目的阶段性检查工作，各位专家针对我们的阶段性工作进行了点评，并对下阶段的工作提出了指导意见。没有专家组的帮助和鼓励，我们的研究难以顺利进行，在此表示衷心感谢。

本书难免有错误和欠妥之处，请批评指正。

王方定学术成长资料采集小组

2014 年 10 月 15 日

老科学家学术成长资料采集工程丛书
已出版（76种）

《卷舒开合任天真：何泽慧传》　　　　《此生情怀寄树草：张宏达传》

《从红壤到黄土：朱显谟传》　　　　　《梦里麦田是金黄：庄巧生传》

《山水人生：陈梦熊传》　　　　　　　《大音希声：应崇福传》

《做一辈子研究生：林为干传》　　　　《寻找地层深处的光：田在艺传》

《剑指苍穹：陈士橹传》　　　　　　　《举重若重：徐光宪传》

《情系山河：张光斗传》　　　　　　　《魂牵心系原子梦：钱三强传》

《金霉素·牛棚·生物固氮：沈善炯传》　《往事皆烟：朱尊权传》

《胸怀大气：陶诗言传》　　　　　　　《智者乐水：林秉南传》

《本然化成：谢毓元传》　　　　　　　《远望情怀：许学彦传》

《一个共产党员的数学人生：谷超豪传》《没有盲区的天空：王越传》

《含章可贞：秦含章传》　　　　　　　《行有则　知无涯：罗沛霖传》

《精业济群：彭司勋传》　　　　　　　《为了孩子的明天：张金哲传》

《肝胆相照：吴孟超传》　　　　　　　《梦想成真：张树政传》

《新青胜蓝惟所盼：陆婉珍传》　　　　《情系梁菽：卢良恕传》

《核动力道路上的垦荒牛：彭士禄传》　《笺草释木六十年：王文采传》

《探赜索隐　止于至善：蔡启瑞传》　　《妙手生花：张涤生传》

《碧空丹心：李敏华传》　　　　　　　《硅芯筑梦：王守武传》

《仁术宏愿：盛志勇传》　　　　　　　《云卷云舒：黄士松传》

《踏遍青山矿业新：裴荣富传》　　　　《让核技术接地气：陈子元传》

《求索军事医学之路：程天民传》　　　《论文写在大地上：徐锦堂传》

《一心向学：陈清如传》　　　　　　　《铃记：张兴铃传》

《许身为国最难忘：陈能宽》　　　　　《寻找沃土：赵其国传》

《钢锁苍龙　霸贯九州：方秦汉传》　　《虚怀若谷：黄维垣传》

《一丝一世界：郁铭芳传》　　　　　　《乐在图书山水间：常印佛传》

《宏才大略：严东生传》　　　　　　　《碧水丹心：刘建康传》

《我的气象生涯：陈学溶百岁自述》　《我的教育人生：申泮文百岁自述》

《赤子丹心 中华之光：王大珩传》　《阡陌舞者：曾德超传》

《根深方叶茂：唐有祺传》　《妙手握奇珠：张丽珠传》

《大爱化作田间行：余松烈传》　《追求卓越：郭慕孙传》

《格致桃李半公卿：沈克琦传》　《走向奥维耶多：谢学锦传》

《躬行出真知：王守觉传》　《绚丽多彩的光谱人生：黄本立传》

《草原之子：李博传》

《宏才大略 科学人生：严东生传》　《探究河口 巡研海岸：陈吉余传》

《航空报国 杏坛追梦：范绪箕传》　《胰岛素探秘者：张友尚传》

《聚变情怀终不改：李正武传》　《一个人与一个系科：于同隐传》

《真善合美：蒋锡夔传》　《究脑穷源探细胞：陈宜张传》

《治水殆与禹同功：文伏波传》　《星剑光芒射斗牛：赵伊君传》

《用生命谱写蓝色梦想：张炳炎传》　《蓝天事业的垦荒人：屠基达传》

《远古生命的守望者：李星学传》